极简关系

职场成功，你需要处理好这四种关系

张思宏（@peter哥）著

人民邮电出版社
北京

图书在版编目（CIP）数据

极简关系：职场成功，你需要处理好这四种关系 / 张思宏著. -- 北京：人民邮电出版社，2018.12（2022.9重印）
ISBN 978-7-115-49793-2

Ⅰ. ①极… Ⅱ. ①张… Ⅲ. ①人际关系—通俗读物 Ⅳ. ①C912.11-49

中国版本图书馆CIP数据核字(2018)第241312号

◆ 著 张思宏（@peter 哥）
责任编辑 恭竟平
责任印制 周昇亮

◆ 人民邮电出版社出版发行 北京市丰台区成寿寺路 11 号
邮编 100164 电子邮件 315@ptpress.com.cn
网址 http://www.ptpress.com.cn
北京捷迅佳彩印刷有限公司印刷

◆ 开本：880×1230 1/32
印张：7.375 2018 年 12 月第 1 版
字数：139 千字 2022 年 9 月北京第 10 次印刷

定价：49.80 元

读者服务热线：(010)81055296 印装质量热线：(010)81055316
反盗版热线：(010)81055315
广告经营许可证：京东市监广登字 20170147 号

序　言
PREFACE

我从 1992 年参加工作，在这漫长的 20 多年的工作经历中，我做遍了公司几乎所有的职能部门（从前端的销售、市场，到后端的运营、工厂管理、技术支持、客户服务、用户体验等）的工作；也亲身跨越了几乎所有的组织架构层级（从基层员工到初级管理者，然后是经理、总监、总经理、副总裁、事业线的负责人）；再加上自己爱折腾、好奇心强的独特个性，我通过更换工作以及担任多所大学 MBA 中心企业导师的不同身份，有幸体验了不同企业类型下的各种职场生态（从全球500强外企到风头无二的中国互联网民企，从中字头的央企、国企到小微的初创公司，以及 NPO 和政府事业单位）。

通过这些真实的亲身经历，我对职场的游戏规则有了比一般人更多、更深的感悟和理解。其中令我感触最深的，就是那千变万化又令人捉摸不透的职场关系。

“关系”这个词，想来大家都不陌生，因为它在中国人的思维中出现的频率相当高：行走于社会，没有几个关系铁的朋友，那绝对会四处碰壁。社会如此，职场也不例外。

全球知名的商业咨询公司盖洛普曾经对100万名美国员工做了调查，结果显示，75%的人选择辞职是因为受不了顶头上司。可以说，你和老板的关系，直接决定了你在职场中的幸福指数。事实上，不仅仅是老板，职场中的其他人——你的同事、你的下属、与你有关联的客户，都会对你的职业生涯发展产生非常大的影响。

记得我在麦当劳、可口可乐、戴尔计算机、亚马逊以及乐视集团担任管理岗位时，就经常会从下属、同事、外部生意伙伴，甚至是上级领导那里听到大量类似的抱怨。当我发现大家都困在关系难题的网中无法自拔的时候，我也一直在反思。

首先，要想在职场中生存以及成功，我们需要处理好和哪几类人的人际关系？

其次，这种关系到底应该搞成什么样子？比如说和老板的关系，人人都知道“搞好”和上级的关系很重要，但如何来定义这个“好”呢？是说自己要和老板成为好兄弟、闺蜜，无话不谈亲密无间，还是让老板对自己言听计从？或者其实没必要搞得这么复杂，只要在工作中相互理解和支持就行了，能不能成为生活中的朋友其实并不重要？

最后，我们该用什么样的思维方式、工具、方法和流程去建立各种职场关系呢？

带着这种困惑，我不禁追溯起自己24年真实的职场经历，以及过去8年间在多所MBA中心担任客座教授的实际教学经验，开始在内心认真地思考起这个对每位职场人来说绝对是攸关前途的问题。渐渐地，我的思路开始变得清晰起来。其实大多数人在职场关系的处理上之所以做得不到位，最根本的原因无外乎以下两点：

（1）错误、短视以及局限的思维方式；

（2）没有掌握高效、正确以及系统性的方法和工具。

要知道，职业生涯是长跑，不是百米冲刺，因此在职场中，大家一定要有长远的眼光，尤其是在和别人建立关系的过程中。因为职场发展的本质其实就是处理小群体的人际关系，在这个小群体中，每个人的角色是随时都会改变的：

你今天的同事，可能会成为你明天的老板；

你现在的老板，可能明天会变成你的下属；

你在这家公司的竞争对手，可能改天成了你下家公司的老板，或者衣食父母，也就是决定你业绩的外部大客户。

因此，当我们在考虑职场关系的时候，千万不要只关注眼前的利益和得失，你要从 360 度的视角来看待职场关系，同时辅以动态的眼光，还有系统化的工具和方法。此时绝不能头疼医头、脚疼医脚，一定要全方位地搞定职场关系，这样你才能在职业生涯中跑得更快、飞得更高！

就是抱着这样的目的，我有了动笔写作这本书的原始冲动，因为我想通过这本书来告诉每一位职场中的小伙伴：搞定职场关系其实与你的出身、背景并没有多大的关联，要想成为老板心目中值得信赖的下属、平级同事中话语权极重的无冕之王、下属眼里值得尊敬并愿意为你打拼的卓越领导者，以及外部客户口中有诚信有担当、能够给他们带来长久利益的合作伙伴，其实一点也不难！你只要花不到两杯咖啡的钱，购买这部堪称“职场关系宝典”的秘籍，然后按图索骥，就能从三方面着手，真正做到跟你的老板、下属、同事以及外部客户搞好关系：

（1）建立正确、长远的思维认知；

（2）培养卓越的行为习惯；

（3）掌握高效、实用的工具和方法。

本书通过大量鲜活的职场案例，将小伙伴们带回真实的办公室场景中，让你们一边听着刺激、精彩的职场故事，以及作者麻辣、尖刻的点评，一边潜移默化地掌握科学高效的职场关系管理法则，你说这该是多么酸爽的一种阅读体验啊！

目　录

CONTENTS

第1章

打破思维误区，成为老板的合作伙伴

对我这个职场“老人”来说，老板既不是我的敌人，更不是对手，而是我职业生涯发展中最好的工具和资源。因此我一向把他当作我最好的伙伴，那怎样才能做到这一点呢？其实并不复杂，只要做到以下两点就行了：

（1）主动出击，处理好与老板的关系。

（2）明确处理好与老板关系的终极目标：达到“三赢”。

1. 主动出击

如何主动出击呢？首先，我们要明确，处理好与老板的关系到底是谁的责任。

在 MBA 教室以及企业内训课的培训室中，我曾经无数次地听过职场小伙伴们这样吐槽："其实我也懂得和老板建立和谐关系、走进他的内心深处、让他给予我支持和信任的重要性，但我就是不懂怎么迈出第一步，不敢也不愿迈出第一步，我总觉得老板都是高高在上的，老板们一天也很忙，如果我贸然接近他，主动去找他聊天、沟通，这样真的好吗？"

如果你要是问我，那我一定会大声地告诉你：好！很好！非常好！因为以我的理解，和老板建立关系，让他成为你的合作伙伴，首先需要做的就是建立起正确的思维方式：和老板建立关系，绝对不是你的老板的责任。你，应该迈出第一步，因为向上管理是下属的一项自主、自发、有意识的行为，你一定要主动出击，有勇气有方法地去"撩"你的老板，否则和他建立关系，只能是一句空谈。

道理谁都懂，但为什么大部分人做不到呢？究其原因，我觉得主要有以下 3 种。

第一，心理上存在障碍，总在纠结下属主动去接近老板、和老板沟通是否恰当，老板会不会反感这种主动接近自己的下属。

第二，不知道该聊什么，以及如何去和老板进行一场愉快的对话。比如总在犹豫应该等老板找自己呢，还是自己去找他呢？在什么场合，以及以什么形式来建立这种聊天？

第三，搞不懂聊天要达到什么目的。是因为工作中出了问题才应该去找老板，还是纯粹为了联络感情要去找老板？如果是后者，会不会让老板觉得自己的功利心太强了，这要是产生反效果，该怎么办呢？每一次一想到这儿，头都大了，真是心累。

2. 打破沉默

和老板聊个天，这个事情真有这么难吗？其实未必！我先讲一个小故事，听完了故事，我相信你就会明白，怎样通过积极主动的出击，和老板进行一次愉快而又富有意义的交流。

这个故事发生在我曾经管理过的一个客服部门，故事的男主角是一个刚刚大学毕业三个月的男生。我们中午一般都是在食堂一起吃饭，有一回我去吃饭，一个人走在前头，选好菜后端着盘子准备往前走，突然听到身后传来了一个声音：“Peter 你好。”我转头一看，是一个年轻的男生，可是我并不认识他。

“你是？”

“哦，上一周在客服部迎新大会上，你讲完话后，有个小伙伴问你的年龄，你让我们猜，结果我就大声喊：你是‘90 后’！当时你还夸我是全场最会聊天的人呢！”

这么一说，我一下子就想起来了，原来是刚刚加入我们部门的新人，我对这个家伙挺有印象：反应敏捷，而且丝毫不怯场。

有了这个不错的开场，我们打完饭，就顺理成章地坐到了一起开始吃午饭了。其实对我这样的老板来讲，每天中午找人吃饭绝对是一件非常痛苦的事情：我的那些下属，每天中午一看到我去找他们吃饭，都跟看见黄鼠狼进村，或者像老鼠见了猫一样。没有任何一个人敢跟我吃饭，或者愿意跟我一起吃饭。所以每天中午我都很痛苦，因为实在找不着可以在吃饭时轻轻松松聊个天的人，今天有一个小伙伴主动来找我吃饭，我心里头其实真的挺高兴的。所以，其实老板们并不会一味地排斥下属主动来和自己聊天，当然，要想把这个天聊好，还要看聊天的内容和方法。

说实话，关于这场谈话，我当时没有抱任何期望，毕竟这才是一个刚刚大学毕业三个月的“小朋友”，能跟我聊什么深刻的话题呢？我本想就当作找个人吃饭，随便唠唠嗑，打发时光，可结果出乎我的意料，那顿饭给我留下了非常深刻的印象。概括来讲，这个小朋友一共有两点让我印象非常深刻：

第一，落落大方的态度。

第二，敏锐的眼光、对团队的忠诚度以及很强的自我学习能力。

3. 真诚则灵

或许你们会好奇，像我这样的职场“老人”，怎么会对一个毕业才三个月的新人留下这么深刻的印象呢？

其实一开始，我们的对话完全就是有一搭没一搭的。比如我问：“怎么样，现在感觉还好吗？喜不喜欢这个团队啊？工作还顺利吧？”

于是这个小伙子就跟我说：“我觉得挺好的，我非常喜欢这个团队，而且我觉得我们的培训人员做事非常用心，跟我以前的经历非常不一样。”

他一说这话就激起我的兴趣了，我就问他："为什么你会觉得我们的培训人员跟你以前的培训老师不一样呢？"他说："你看，我给你举个小例子，我发现他们做事很用心，我以前实习的时候，也在别的公司参加过培训，但是那些培训师用的教材都是适合'80'后的，甚至是年龄更大的一些人，条条框框太多，语言太枯燥。像我们这种'90 后'和'00 后'，其实不太喜欢这些东西，我们更希望用我们熟悉的一些语言。"

"我们在咱们公司培训，一看培训讲师也在用老教材，就会马上向他们指出来。结果我们一提，他们马上就听进去了，表示立刻就改，而且主动征求我们的意见，并让我们去给他们出主意、想办法。"

那天的午饭，我俩总共吃了一个小时，毫不夸张地讲，最后我真的有点意犹未尽，因为：

第一，"小朋友"很轻松大方，完全不紧张，和我的很多下属完全相反。有的时候当我找到下属们谈话时，那些人的表情甚至有点好笑：浑身发抖，额头出汗。其实看到他们紧张，我也会不舒服。但是这个"小朋友"不会，那天的那顿午饭，让我感觉非常轻松愉快。

第二，他通过自己真诚、具体的描述，让我对他的个人素养留下了非常深刻的印象：敏锐的眼光、对团队的忠诚度以及很强的自我学习能力。所以从那以后，我就记住了这个“小朋友”的名字。

这顿午饭之后，我们之间便再也没有发生什么交集了。等再次听到这个“小朋友”的名字，已经是两年以后了，因为业务发展的需要，我们要进行扩招，因此急需大量的管理人才。除了外招以外，我们也想从内部提拔一些人，当时有一个位置，有两个候选人在竞争，其中就包括那个在一顿午饭的聊天中给我留下深刻印象的年轻人。

其实仔细想一想，职场真是一个竞争很激烈的地方。作为整个部门的负责人，我必须对人选做出最终的决定，而这个决定完全是基于他们上级的描述，以及我本人对他们的了解——如果有的话。这时，那顿饭的作用就一览无余地显现出来了。因为当他的直属上级指出他的优势时，立刻就引起了我的共鸣：比如对团队的忠诚度，以及很强的自我学习能力，而这两点，恰恰是那天跟我沟通的时候，他给我留下的深刻印象，所以最终选择谁拥有这个位置，我不说你也知道了吧。

所以只要做到积极主动、真诚大方，用实例支持自己的观点，那么赢得你的老板的支持，其实也并非难事。

4. 聊天有道

故事讲到这里，关于如何克服阻碍与老板聊天的“三座大山”，我想送给你四个小技巧，让你在与老板聊天时，能更进一步聊到老板的心坎里。

第一，与老板建立关系是你的责任，你一定要迈出第一步。回到刚才那个例子，如果这个“小朋友”在两年前没有跟我吃过那顿午饭，没有主动和我建立关系、加深了解，那后来这个机会，他未必能得到。

第二，做好充分的准备。记住，没有人想听你聊对他没有价值的东西，或者是他不关心的话题。什么叫价值？可以帮他解决问题，可以让他了解他原本不知道的信息，哪怕可以满足他的兴趣也行。所以，千万不要去聊你想讲的，而要去聊他想听的。还记得当我问这个“小朋友”为什么觉得我们部门的培训师很用心时，他的那个详细而又极富观察力和学习力的回答吗？我之所以有兴趣听他聊天，就是因为他讲了我想听的东西，而且讲得非常具体生动。

第三，真诚。其实“利用”，在职场绝对不是一个负面的词，很多人一听说要利用自己的老板，就会很害怕，总以为这样一来老板就会感觉到自己的别有居心，就一定会对自己有不好的印象。其实你真的想多了。所谓的利用，只要你能始终把老板的目标放在第一位，把利用的目的设定为帮助老板成功，那就绝对不会出事！

第四，不卑不亢，充满自信。英文中有一个词我很欣赏，叫作 equal authority——平等的权威。其实老板看人，眼光是很精准的。比如回到刚才那个例子，那个“小朋友”之所以让我印象深刻，就是他这种 equal authority 的感觉，让我非常舒服，让我觉得他是一个有自信心、可以做大事的人。因为从我这样一个老板的视野来看，一个好的领导者、有潜质的领导者，其实最需要考验他的是什么？不是做事的能力，而是那种与生俱来的特质，如诚信、价值观、勇于承担责任，这其中就包括不卑不亢，懂得和级别比他高的人和谐相处。

5. 终极目标

聊完了主动出击，处理好你和老板的关系，接下来我再分享一下什么才是处理好与老板关系的终极目标。

处理好与老板的关系，最终要达到的目的是什么？这就像一块试金石，有的人内心深处的小心思在一开始就暴露出来了，比如，通过与老板处好关系让老板给自己升职加薪；让老板听自己的话，接受自己的建议，信任自己……

这些想法有没有问题？有，但也没有，关键要看你有没有漏掉一个前提：你得到什么、你怎么想并不重要，重要的是，你的老板能得到什么，说得更透彻一点，你和你的老板作为一个合体，你们能一起得到什么。向上管理这套理论中，有一个很核心的思维方式叫“三赢”：老板赢，组织赢，而最终你才能赢。

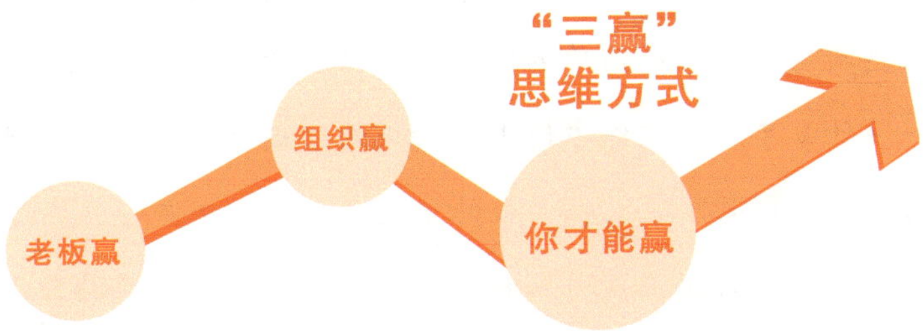

这听起来似乎很美，但是不一定能实现。我在工作当中，就经常会碰到我和老板的想法有冲突的情况，这个时候该怎么办呢？是不是因为我是下属，就必须委曲求全，放弃自我，成全老板呢？还是说我要据理力争，争取自己的利益最大化，不向老板妥协？

这两种想法都不对。正确的思维方式应该是这样的，分三步：

第一，当矛盾和冲突产生时，首先让我们把所有表象性的东西都抛在脑后，忘记形式化的东西，放空大脑，你只要问自己两个最简单的问题：在老板的心目当中，这是一件什么事？在这件事情上，老板的终极诉求是什么？换句话说，你必须先站在老板的角度来看待整个事件，在没有搞清楚他的想法、观点和诉求之前，不要过分强调自己的意见、观点。

第二，在搞清楚上述问题之后，再问自己一个问题：我要用什么样的方案，去解决和满足老板的诉求。不只是要搞懂老板怎么想，还要主动帮助老板制定出整套解决方案，帮助老板和组织获得成功。

第三，我的诉求是什么？如何在满足老板和组织利益的同时，也能够让自己成功？这个时候可以想想自己了：如何在保障老板利益的同时，我的利益也能够得到体现？千万记住：在和老板合作共事的时候，多想想“我们”，而非“我”；多考虑怎样才能把我的利益和老板的利益合二为一，这才是处好和老板关系的关键。

• • •

小结

要想真正成为老板的合作伙伴，那你就必须成功地做到以下两点：

第一，主动出击，处理好与老板的关系。即积极主动，聊天前先做好准备，要真诚，不卑不亢，充满自信。

第二，真正树立起“三赢”的思维方法。你只有让老板先赢，组织先赢，最终你才能赢。职业生涯不是百米冲刺，而是场马拉松，所以你一定要小心地维护自己的职业口碑和信誉。

处理好和老板的关系是你的工作之一，但还是要小心，因为光有良好的意愿，却没有一套和老板建立关系的好思路、好方法、好工具，也是不行的。

第 2 章

知己知彼，
三步加深你对老板的了解

建立与老板的关系，光知道主动出击还不够，你还得知己知彼，学会走进老板的内心深处。

如何才能对老板了如指掌，走进他的内心深处？其实只需做到以下 3 点就行了，且以下 3 点有其严格的逻辑顺序：

（1）学会使用“了解老板工作表”，先给你的上级“照个 X 光”。

（2）知己知彼，给自己做个完整的画像：“自我了解工作表”。

（3）求同存异，寻找最大公约数。

1. 给老板“照个 X 光”

我们先从最基本的第一条开始：“了解老板工作表”。

一个能够有效管理老板，并和老板有着牢固信任关系的下属，在与老板建立关系之前一定会做到准确全面客观地了解老板。那么了解老板，到底要关注哪些内容呢？从下面这份工作表可以看出，有三个方面缺一不可：第一，了解老板的沟通风格；第二，了解老板的性格特点和优劣势；第三，准确清晰地了解老板的目标，以及对你的期望值。

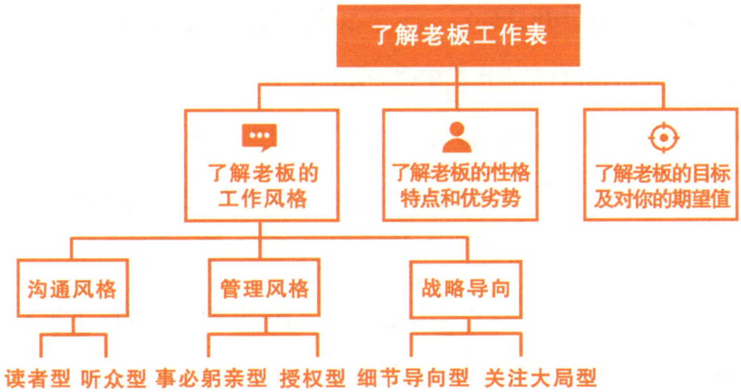

工作风格可以细化成沟通风格，管理风格以及战略导向。

关于沟通风格，就是说要确认你的老板到底是读者型、听众型，还是两者都是。什么叫作读者型呢？有一些老板，当你有一些主意或一些建议的时候，他希望你把它很条理化地写出来，比如写成邮件或者 PPT。但有一些老板不是，有些老板觉得你如果花太多的时间写东西，那是在浪费时间，他更愿意你有什么想法就马上去找他，马上谈一下，达成共识后，立刻去执行。这就是听众型。所以你要想一想，你的老板到底是读者型还是听众型呢？

读者型和听众型的沟通风格，也不是一成不变的，有一些老板，对某一些事可能是读者型的，但换到另外一种事，就是听众型的。比如，你的老板对你的工作一向都非常信任，对你放心放权，平时和你的沟通多是通过每周一次的邮件或报告来进行的，那这时他就是个读者型；可最近公司董事长给他分配了一项新任务，并且规定了一个很急的时限，那这时你就要小心了：因为在这件事上，在这个敏感的阶段，你的老板很有可能已经变成了听众型，他希望你有问题立刻汇报，马上解决。

所以，要了解老板的工作风格，首先要先确认老板喜欢当读者还是喜欢当听众。

确认好了老板喜欢的沟通风格，还需确认老板属于哪种管理风格。

你的老板是属于事必躬亲型，还是授权型的？有一些老板，恨不得所有的东西都要了解，而且所有的进度都要掌握，你不光要跟他在大方向上达成共识，连怎么达成这个共识的过程，也要跟他取得一致。比如我太太，就是这种风格的老板，她管理我和我儿子的时候，就是用这种事必躬亲的工作作风，不只要规定我们两个几点钟到学校，还要规定走哪一条路线，规定怎么过马路，如果你做不到，那糟糕的日子就要来了。还有一种老板是授权型的，这种老板通常给你一个目标后，让你放手去做，如果你每天都找他汇报，他反而觉得你没有工作能力。

所以你要仔细想一想，你的老板是事必躬亲型，还是授权型呢？

除了沟通风格和管理风格，还需要了解老板的战略导向。

你的老板是细节导向型，还是关注大局型？有一些老板恨不得你的报告上的数据保留到小数点后面两百位；但有一些老板不是这样，他最喜欢听到你给他讲战略和方向以及未来愿景化的东西，如果你过多地讲细节，他会觉得你这个人没有好的大局观，没有战略眼光，因此你个人也就没有什么发展潜力。

所有这些都可以归为老板的工作风格。

2. 洞悉老板的心思

了解了老板的工作风格，我们还要了解老板的第二点是：性格特点和优劣势。

你的老板到底是外向性格还是内向性格；他的个人喜好

是什么；他的优势和劣势是什么……这一切都对你管理和“利用”他非常有帮助。

在此我想专门强调一下了解老板优劣势的重要性：摸清老板的性格特点还有个人喜好，对于了解老板、走进老板的内心深处极具好处和价值。其实收集、掌握老板优劣势的信息，对我们最终给他“拍一个完整、准确的 X 光”，也是相当有意义的。因为在本书中我反复强调的是这样一个概念：处理好与老板的关系的最大好处，不只是获得老板的赏识，获得升职加薪。其实它更大的价值在于加速你的职业生涯发展——因为老板才是你职场中（甚至是人生中）最好的资源、老师、工具，因此你必须学会怎样去妥善“利用”他。既然是资源和工具，那我们在利用之前就必须清楚地知道这个“工具”的长处短处、优势劣势。

对于老板的长处和优势，我们就应该多多加以发挥。举个例子：假设你的老板在公司供职多年，有极强的个人影响力和话语权，与公司上上下下的关系非常融洽。这一点就可以被你拿来当作解决部门间冲突和矛盾的利器——因为大家就算不给你面子也要给你老板面子啊，你说对不对？

如果很不幸，你的老板是个空降兵，刚来公司没两个月，在组织中的曝光度和影响力尚未建立起来，这时候你就要懂得在使用这个特殊的工具时做到“避短”，或者换句话说，别把老板往枪口上送，否则可能真的会被外部门的人“啪啪打脸”，这样一来不但你自己的目的达不到，还会让老板对你心生怨恨，那可就太得不偿失了。

3. 领会老板的意图

以上两条都是和老板自身相关的东西，除了这些，你还要掌握一些和工作本身相关的信息，这就是第三点：准确清晰地了解老板的目标，以及对你的期望值。问问你自己：是不是非常清楚地知道，你的老板在这个星期、这个月、这个季度，甚至今年，他要完成的目标是什么。他面对的最大的压力是什么，他对你的期望值是什么。如果所有这一切你都不仔细了解的话，那想去管理他和“利用”他，根本就是一件难以成功的事情。

以上就是了解老板的三步法。那么给老板“照个 X 光”真的这么重要吗？了不了解老板，和你工作是否高效、能否升职加薪真的有那么强烈的关联吗？真的是这样！以我的一个朋友为例，各方面都优秀的他，就是因为不了解自己的老板，差点捅了大娄子。

这个故事发生在我在某公司的时候。大部分的企业都非常盛行 PPT 文化，因此学会高超的 PPT 技巧，绝对是让老板欣赏你的一个重要法门。而当时我的这个朋友就是一个公认的 PPT 高手，他的 PPT 曾经被当时的公司高管反复表扬过。

带着这种“优势”，他后来跳槽到了一家民企，担任负责全国区的销售总经理。他的新老板给他的第一份任务，就是让他用一个月的时间去了解市场，然后做出一个全新的、能帮老板赚更多钱的年度销售计划。

接到这个新任务后，这个小伙子马不停蹄地跑遍了中国区的所有销售网络，拜访完大客户批发商超市后，用了一个星期的时间，精心做出了一套非常完整的 PPT 格式的计划书：在这个 PPT 里，有动画有图片有地图，一看就知道是个 PPT 高手做出来的。于是他就带着棒棒的 PPT，还有满肚子的信心去总部开会了。

当时参加会议的有董事长、大股东和各个部门的总经理等十来人。结果这个会开得非常尴尬，本来是一个小时的会，但当他讲到第二页 PPT 的时候，就被他的老板打断了。董事长坐在下面，看着这个不断跳跃的 PPT，忍不住问道：“请问你后面到底还有多少页？”他说“不多，一共才 25 页”。结果老板一听顿时火冒三丈：“我花了这么多的钱，把你请到我们公司来，不是让你做这么多无用的 PPT……”

4. 踏准老板的节拍

所以当你想和老板处好关系，想让老板给你更多的机会去发展你的职业生涯时，首先就要根据“了解老板工作表”去好好地读懂你的老板：比如，你的老板到底是一个听众型的人，还是一个读者型的人。

在前面这个案例中，那位私营企业的老板就是一个典型的“听众型 + 结果导向型“的领导，他最关心的是你能给他赚钱，给他拿下订单，而花那么多的时间，做那么复杂的 PPT，不是在给自己挖坑吗？以后如果再碰到这种听众型的老板，一定要少做些花里胡哨的报告，多些数字、案例、客户的反馈以及下一步的行动计划，这样才能让老板对你的工作放心。所以说，磨刀不误砍柴工，下次当你有机会和老板交流的时候，首先放空自己，静下心来好好做一下“了解老板工作表”。这份工作表其实就像一份旅游攻略，能够帮助你厘清在接下来和老板的沟通和谈判中，将要面对一个什么样的人，他可能要问的问题以及他可能对你的反应，从而让自己提前做好准备，增加搞定和利用老板的自信心！

5. 也给自己“照个 X 光”

刚才我们用“X 光机”，给老板里里外外拍了个全身照。现在我们要用同样的方法，来给我们自己扫描一下：对照着刚才的表格，从工作风格、管理风格、战略导向三个方面来看看自己，确认自己到底是读者还是听众，自己希望老板授权以后就放手不管，还是希望老板经常给予一些指导；自己更关注细节，还是关注大局。同时还要搞清楚自己的性格特点，自己在这家组织或公司当中的优劣势是什么，自己的目标是什么，压力是什么，期望值是什么，等等。

通过回答以下问题，你可以更有准备地和你的老板进行有效沟通

了解老板工作表 VS 自我了解工作表

问题	答案	答案	问题
1. 老板的沟通风格是什么，读者型还是听众型？			1. 我的沟通风格是什么，读者型还是听众型？
2. 老板是关注事实和图表的细节导向者，还是注重整体概况、关注全局的人？			2. 我是关注事实和图表的细节导向者，还是注重整体概况、关注全局的人？
3. 老板是喜欢分配任务后很少干预每天的进展，还是喜欢亲力亲为参与日常规划？			3. 我是喜欢分配任务后很少干预进展的老板，还是亲力亲为参与日常规划的老板？
4. 老板的主要优势是什么？			4. 我的主要优势和专注的领域是什么？
5. 老板的首要弱点是什么？			5. 我的首要弱势和盲点是什么？
6. 什么可以激发老板快速做出回应？			6. 什么可以激发我快速做出回应？
7. 老板的整体心态和世界观是什么？（例如，乐观或悲观，团队合作者或独行侠？）			7. 我的整体心态和世界观是什么？（例如，乐观或悲观，团队合作者或独行侠？）
8. 老板有什么重要的目标和方向？			8. 我有什么重要的目标和方向？

拍好这两张“片子”以后，把它们放在桌子上逐一对比，

以发现问题。

通过对比两张表格，你会发现有些选项是一致的，而有些项目却是背道而驰的，该怎么办呢？比如，老板是个性格外向的人，偏偏我是个性格内向的人，不善于沟通。再如，老板喜欢授权以后就不管了，但我的性格比较谨慎保守，总希望老板能够多给我一些指导，可以允许我经常去找他汇报。此时这种不和谐，就会反映在和老板处好关系这个问题上，最常用的一个借口就是“双方合不来”。

初入职场的新人，总会幻想自己能遇到一个懂我知我挺我的“好”老板，这个“好”是打引号的。但是，在工作中和老板接触了一段时间以后，他们通常会发现，现任的老板多多少少都不是自己希望的模样，这个时候，不少人本能的反应是换一个老板，说不定下一个老板会更好。于是很多人就开始频繁地换工作、调部门，可是最终也很难如他所愿。

我通常都会拿婚姻来做比喻，对大部分人来讲，老婆和老公肯定都是自己选的，可即使这样，结婚以后你还是会发现很多和自己想象的不一样的东西：比如生活习惯、兴趣爱好、个性等，那这时候该怎么办？直接离了再找？我想很少有人会做这么蠢的事。

婚姻如此，其实职场也是一样。在这个世界上，对我们大部分人来讲，我们都没有选择老板的权利和机会。当然，你会说“换工作啊，换工作的时候，我就可以选择老板了”。对，但是谁又能保证，当你通过换工作换了个老板，进入新公司以后，新公司就不会调整组织架构呢？或者你自己会不会升迁呢？如果这一切再发生，你接下来又要怎么办，难道继续再跳槽吗？所以说，换工作、换老板解决不了根本的问题，很多时候不是老板出了问题，而是你没有走进老板的内心深处，没有找到和老板愉快“玩耍”的方法而已。

6. 寻找最大公约数

在了解了老板、了解了自己之后，怎样才能做到“与老板愉快地‘玩耍’”呢？这时候就需要加深对老板了解的第三步：求同存异，寻找最大公约数。即多发现和培养与老板的共同点。

那怎么才能实现这个目标呢？以下几点是缺一不可的。

（1）寻找相同点，如工作风格，喜好性格，目标设定，等等。举个例子，你碰巧发现，你和你的老板都是读者型的工作风格，恭喜你！今后当你想给老板做工作汇报、计划案呈现或争取资源时，就一定要多通过书面的、正式的形式来完成沟通，比如 PPT、Excel、Word 文件等。

（2）用共同点去和老板建立交集，通过沟通和互动，了解老板对你的期望值，以创造更多原本没有的共同点。

比如，通过对“了解老板工作表”和“自我了解工作表”的比较，你发现自己的管理风格和老板的风格之间有很大差异，他是事必躬亲型的，而你不希望老板管得太细。这时候你就必须做出妥协和调整，因为如果不能保证自己的目标始终与老板的目标及其对你的期望值达成一致，那么你每天多付出的努力，在老板的眼里，都只会是无用功，他会觉得你是在浪费时间。怎样才能做到这一点呢？方法很简单：拿出所有的真诚，去问你的老板，只要你能让他相信，你想了解他的期望值的目的，完全是为了要帮助组织，帮助老板达成目标，那你的这种姿态和努力，也一定会得到上级积极的回馈的。

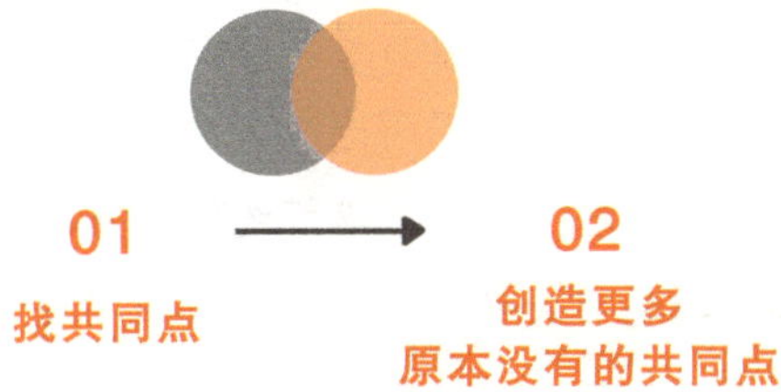

···

小结

要想加深对老板的了解，成为那个走进老板内心深处的人，那你就要做到以下三点：

第一，学会使用“了解老板工作表”，重点关注老板的沟通风格（读者型还是听众型？）、管理风格（事必躬亲型还是授权型？），还有战略导向（关注大局型还是细节导向型？）。同时也别忘了分析老板的性格和优劣势，以及他对你的期望值！

第二，学会使用“了解自己工作表”，用同样的维度画个自画像，逐一和“了解老板工作表”对照，让自己和老板所有的特质、风格和喜好统统暴露在阳光下。

第三，求同存异，寻找最大公约数。要寻找和利用自己和老板相同的东西，让你们变成满肚子都是共同语言的“闺蜜”；同时还要努力减少和改善那些不同的东西，让你们成为亲密无间的合作伙伴。

第3章

与老板意见不合时该怎么办

我们都知道，要与老板建立好的关系，最重要的是在工作层面和老板达成一致。但问题是，这种理想的剧情通常都不会上演，我们在工作中遇到的大部分场景，是自己的想法、意见、计划或要求，与老板的存在很大的差异，甚至沟通多次也没什么进展。那么，与老板意见不合时该怎么办？

简单来说，以下三点是解决此类难题的关键：

（1）职场中哪些资源能为你所用以及怎么去利用这些资源？

（2）寻找利益共同体。

（3）如何正确地借力打力？

1. 资源利用

首先让我们来聊聊第一点，什么叫作“资源利用”？以及为什么要在与老板意见不合时，去利用这些所谓的资源？

每个人都有自己独特的个性、工作方法、工作风格以及对事物的理解，因此在工作中与老板产生冲突是在所难免的。当和老板意见不合时千万不能强忍，更不能一味地逃避，而要积极主动地去和老板沟通、协调和谈判，这非常重要。当然，也不是每一次的沟通都能达到我们所期待的目的，那这时候我们是不是还要坚持己见，甚至不惜惹毛老板呢？当然不是。其实这个时候你需要走另外一条路，那就是寻找身边的资源，然后利用它们去达成自己与老板的共识。

职场中的资源，可以是人，比如老板的老板、老板的平级同事、外部的客户、特定领域的技术专家……

也可以是物，比如额外的预算、其他部门的支持……

还可以是技术、流程、工具，比如新的认证体系、能够带来更好的财务回报的技术革新，等等。

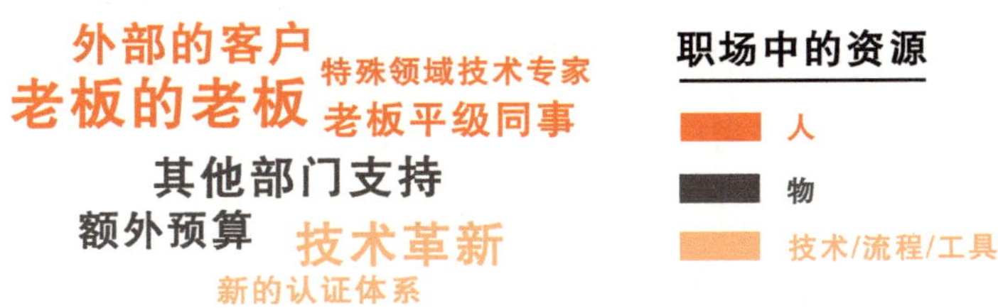

那怎么去定义最合适的资源，以及怎么用这些资源来处理与老板的不合呢？

2. 达成共识

十几年前，我还是个“浑身打满了鸡血”，每天绞尽脑汁想要寻求晋升的部门经理，因为业绩突出，我的级别很快得到了提升，业务范围也随之扩大了，除了管理中国区的业务之外，还把韩国和日本的团队给收编了过来。可我因为升迁而带来的兴奋劲还没过去，麻烦就来了，因为在如何提升韩国区用户体验的计划和时间表上，我和当时的韩国区总裁始终达不成共识，双方的关系一度非常紧张，这让我很是郁闷。

当时的组织架构是这样的：我的直线老板是亚太区的运营VP，但同时我又需要将工作虚线汇报给各个国家的总裁（即各地销售部门的领导），因此这个韩国区的总裁，名义上也是我的老板，所有关于韩国区用户体验的事项，我也必须让他知道，并且需要他的同意和支持。这种不合理的架构造成了我们之间许多沟通上的摩擦，而最大的一个问题就是关于如何达成本年度用户体验目标。

其实关于这个问题的计划案，我和自己的直线老板早在年初就已经达成了共识，而且一直以来执行得也挺好的。可没承想，就是因为年中组织架构的改变，让这个总裁一参与，事情就变得复杂了起来。这个人有极强的个人主观意识，凡事都喜欢把控在自己的手中。其实在我刚刚接受韩国区和日本区业务的第二周，就已经飞到首尔专程拜访过他，仔仔细细地给他介绍了我负责的业务范围内所有和韩国区业务相关的重大项目、计划、时间表和注意事项，这里面就包括那个用户体验目标，当时他对我的计划并没有提出任何异议。可让我没想到的是，才过去没几天，当他看到用户体验周报告的实际数字时，就开始四处挑刺，好像他之前对此一无所知的样子。

好吧，谁让你是老板呢？我只好再一次耐着性子向他把整个计划又重复了一遍。但是他提出了一大堆自己的意见，对我的方案指手画脚，既不说同意，也不说不同意，只是让我“再好好考虑一下”，实则就是想让我全盘接受他的想法。我不是听不进去不同意见的人，只是他的那些意见确实不符合当时的实际情况，而且如果中途改变计划，会对这个组织，包括我本人以及这位总裁，造成不良的后果。但是，没办法，我俩实在是谈不到一块儿去。

为了逼我就范，他几乎每天都会把用户体验的报告通过邮件的形式转给我的直线老板，而且在邮件里每天都给我弄出不同的花样：一会儿是新的建议，一会儿是质疑，一会儿又是许多细到不行的问题，搞得我不胜其烦。这种情况持续了近一个月，除了每天发邮件去做解释，我始终都找不到更好的办法去应对——直到我的救星——我的一位职业导师出现。

当时公司为了培养未来的潜在领导者，给一些经过挑选的中层管理人员指派了资深的高管作为导师——我的导师是一位负责亚太区财务的 VP，因为我当时实在是没招了，于是就把自己的烦恼告诉了这位导师。他听了以后想了想，给我支了一招："Peter，你为啥要用这种笨办法去应对他呢？其实你的身边有大量的资源可以用来搞定他啊！比如他的老板（亚太区销售 VP）。听了你刚才关于自己计划案的描述，我发现你的这一套和他老板几天前在一次会议上发表的观点是完全一致的，你为什么不去把他的大老板搬出来呢？"

3. 变换角度

这真是我没有想到的一种全新的打法：原来还能绕过这个他，通过其他人去影响和搞定他！但是该怎么做呢？于是我就请求导师给我做了指导，接下来就让我还原一下整个流程。

第一步，和韩国区总裁的大老板达成共识。我首先请求参加这位老板的月度会议，并希望他能给我 20 分钟时间专门来谈谈本年度关于日本区、韩国区和中国区的用户体验的问题和计划，因为我的导师提醒我，用户体验的目标是和这些老板的年终奖挂钩的，所以我们其实是有共同利益的。

第二步，精心准备一套完整的PPT，将我的计划进行了完美的呈现，并重点突出此计划的完成对销售团队的好处。

第三步，在会议中与被利用的资源（那位亚太的销售VP）充分沟通和交流意见，并最终得到他的认可和支持。注意，韩国区的那位总裁也在会议中，当他的老板说“yes”时，他可是一字不差地都听到了！

第四步，会后与韩国区总裁再次巩固共识。亚太区会议开过后的第二天，我就主动找到韩国区的总裁，请求允许我在他的月度会议上再专门与所有韩国区的高管们聊一次关于韩国区用户体验的计划。最后会议如期进行了，而且效果很好。

第五步，追踪结果。光在口头上达成一致还不够，你还必须兑现承诺，否则到最后如果没有结果，那么被你利用的人（那位大老板），以及和你原本就不合、现在又被你管理的人就会新账老账一起算，那到最后你一定会吃不了兜着走！所以在韩国区的会议开完之后，我就根据会议上承诺的计划和时间表，每周发送一份报告给韩国区的总裁，同时抄送给他的老板：如果当周任务完成了，就万事大吉；如果当周没有达标，那我就会详细地分析原因，同时给出改进方案并追踪结果——所有这一切的信息，当然都会及时和他们两个人保持同步。

从那以后，那位难搞的韩国区总裁变得低调了许多，虽然也还是会给我发邮件问一堆问题，但是语气和态度已经不是在挑战我的计划了，而只是就事论事，为了更好地提升结果。最终那一年在我们共同的努力下，用户体验的目标被圆满地达成，我和销售部门的老板们最后皆大欢喜，都拿到了理想的奖金。

故事到这里，相信你现在已经搞懂了什么是资源，这个资源可能是人，也可能是财，或者是物，以及利用这些资源的流程。简单来说，这个流程就是：首先寻找资源，也就是那些自己的利益共同体；然后利用他们对我们的老板施加影响；最后达成对我和我的老板双方都有益的结果。

4. 利益共享

其实在利用这些资源去搞定与自己意见不合的老板时，还有两个注意事项千万不能忘记，即寻找利益共同体，以及正确地借力打力。

什么叫利益共同体？回想一下前面提到的我所经历的故事，为什么亚太区的销售VP如此心甘情愿地被我“利用”呢？其实道理很简单——因为我们有着共同的利益：如果达成了用户体验的目标，大家都能有好的业绩和发展，公司的业务也能得到提升。何乐而不为呢？

除了在利益上有共同点以外，我们在完成这个任务的思路和方法上也有共同点。就像我的导师指出的那样，在我们去寻找可以利用的资源时，除了要考虑他们和被管理对象之间的关系，还要考虑其他的一些因素，比如，和对方意见不合时，他们怎么看？他们的意见和我们的是否一致？他们的最大价值在哪里？你只有做足了这些准备，才能在实施时做到有的放矢，把他们的作用发挥到极致。

5. 借力打力

利用资源去管理与自己不合的老板，有一点千万要注意：要把握好分寸。尤其在中国这样一个十分讲究面子和领导尊严的环境下，这一点显得尤为重要。只有把握好分寸，才能正确地借力打力，达到你想要的效果。

以下几个小贴士是我根据多年的实战经验所总结出来的。

（1）态度一定要真诚，要摆准自己的位置。虽然此时那位大老板确实在帮我背书，给我撑腰，但是对于组织层级和领导的权威，必须尊重。这就是为何我在亚太区的会议开过之后立刻请求再召开一个韩国区的沟通会，以及为什么要在会议达成共识之后，老老实实地追踪结果、每周发报告，因为就算你成功地搬出了大领导来支持你，但并不代表你比你管理的老板具有更多的权力，因此真诚一点，谦虚一些，绝对是必要的。

（2）就事论事，只谈解决问题，达成共识，不要发散和引申。大老板的支持和认同，其实只是针对这件具体的事情本身，所以你不要给自己加戏，以为自己成了“关键先生”，从此成功地走进了大老板的内心深处，甚至不久就可以取代小老板了。

（3）说到做到，兑现承诺。信任的建立不是靠语言，而是靠真实的结果。如果你在以共同的利益为“诱饵”利用他人之后，却无法兑现这个共同的利益时，那么这种情况就只能发生一次，因为老板们会觉得你不可信，你只是在遇到困难时才会想到他们，而你的问题一旦被解决了，就会把别人的利益抛在脑后，这种短视的协作观是非常让人反感的。所以千万要记住：为了能有下一次，你一定要认真地追踪结果，保证能够双赢。

小结

与老板意见不合时该怎么办?

第一，思考一下，职场中的哪些资源能为你所用?要学会利用身边的资源，包括组织架构表中老板的上级、平级，外部的客户，特定领域的技术专家，额外的预算，其他部门的支持，技术、流程、工具等。

第二，寻找利益共同体。这些资源与你有共同的利益、见解、方案，这些都应该成为你选择可利用资源时的标准和出发点。

第三，正确地借力打力。态度诚恳；就事论事，专注于解决问题本身；兑现承诺，最终使多方受益。

学会留意身边有哪些人或财物可能成为你将来用于管理老板的资源，为了将来的这种利用你现在要和他们一起做什么，等等。提早做些准备是非常必要的！否则临时抱佛脚，可能就来不及了！

第 4 章

事情搞砸了，怎么挽回老板对你的信任

在职场中，除了学会和老板沟通，做到求同存异外，在和老板相处的过程中，还存在一类非常让人抓狂但又不可避免的情景，那就是：“当我把事情搞砸了以后，怎么挽回老板对我的信任？”

在工作中，我们经常会向老板做出一些承诺，比如销售指标、要完成的某个项目、何时上线一个新的产品等等。做出承诺后，我们当然希望一切都能像预期的那样，顺顺利利地完成，这样老板也会觉得我是个说话算数、办事靠谱的人。可在实际工作中，经常会因为一些突发事件，导致事情的发展出现意外，那么当感到事情可能（或者已经）被搞砸了时，该怎么去处理危机，管理老板的期望值，并最终挽回老板对自己的信任呢？

简单来说，秘诀有以下三点：

（1）用积极主动的心态对待问题（机会），巧妙地和老板沟通；

（2）学会期望值管理三步法：设定期望值—管理期望值—巩固信任关系；

（3）在给出的新方案中，以预防性措施为主。

1. 勇于担责

当事情搞砸了的时候，你会不会立刻和老板沟通？你知不知道该怎么沟通？

记得我初入职场时，自己从内心来讲是极其不愿意跟老板谈“坏事情”的，比如工作中出现的问题、达不成业绩指标、原本给出的承诺可能无法兑现等。因为以我当时的理解，老板应该只喜欢或信任那些工作中不会犯错的人，因此为了让老板对我有个好的印象，加深我和老板的信任关系，我就拼命地掩盖工作中出现的问题，能不讲的绝对不讲，就算是非讲不可的，我也会给它“涂脂抹粉”，花里胡哨地打扮一番之后，才拐弯抹角地讲出来。可结果不但没有博得老板的信任，反而让老板对我的个人诚信产生了怀疑，现在想想真是得不偿失。

那么正确的做法应该是怎样的呢？用积极主动的心态对待问题，巧妙地和老板沟通。

首先，当事情的发展出现意外时，你必须立刻进行判断：这个问题可以在我的控制范围内加以解决吗？这个意外会导致当初的承诺无法实现吗？我还需要额外的资源和支持吗？如果经过分析你发现，事态的发展有可能会对当初的计划造成影响，那么无论这个搞砸的可能性有多大，你都必须主动地以一种积极的心态去找老板沟通。

其次，该怎么沟通呢？这时候你就要根据实际情况，用不同的方式，带着不同的目的和老板谈。

第一种情况。如果事态到目前为止还基本可控，而且你已经采取了积极有效的措施对原计划进行了修正和补充，根据最新的消息，事情正在往好的方向发展，那么这时你的态度就应该是通报进展 + 补充信息 + 倾听老板意见。

第二种情况。如果事情的发展已经超出了你的可控范围，原有的承诺已经基本无法实现，那么这时你的正确做法就更像是一场危机处理了：通报最新进展 + 诚实解释原

因 + 管理老板情绪 + 拿出新的解决方案 + 就新方案和老板重新达成共识。

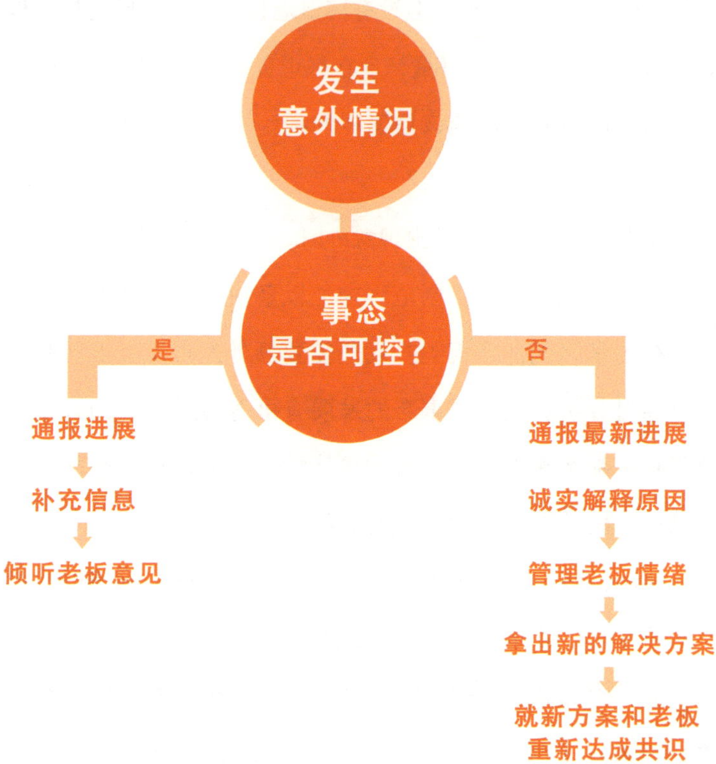

2. 重塑信任

当你把所有的问题都摊在老板的面前之后，接下来我们也就进入了重建老板的信任的第二个要点——期望值管理三步法：设定期望值—管理期望值—巩固信任关系。

设定期望值并不复杂，可要想正确地管理它就不容易了。尤其是在事情搞砸了之后，当我们一五一十地把这个烂摊子向老板做了汇报之后，面对暴跳如雷的老板，我们该怎么去安抚他，怎么去处理自己原本给他设立的那个期望值呢？

事情到了这一步，你一定要明白这样一个道理：管理期望值，不等于降低期望值。如果你不能和老板在核心的目的和利益上达成共识，那么单靠在目标、KPI 和时间表上和老板讨价还价，这种做法是绝对过不了关的。比如，你原来给老板的承诺是这个月完成一百万元的销售任务，结果到月中发现差得太多了，怎么办呢？去找老板讨价还价，降低他的期望值："老板，困难很多啊，完不成了，您看不然给降点——50 万行吗？不行的话 60 万？还不行啊，那就 70 万？再高我真的不行了啊！什么？一定要做到 80 万？那就 80 万吧！"

这不就是平时很多人达不到目标或者把事情搞砸时，和老板聊天的标准姿势吗？其实其中道理谁都懂，而且谁也不想这样，只是实在找不到更好的办法去安抚老板。接下来我讲一个发生在我的 MBA 学生身上的真实案例，看完或许你就能知道怎么管理老板的期望值了。

这个故事的主角是一家手机公司的产品研发部经理。几个月前他的老板交给他一项任务：开发一款自有品牌的新手机，而且必须在近期上市。接到任务后他就组织全部门进行了前期的调研和分析，最后给出了一个四周上市的行动方案。老板当时非常满意，立刻根据他的计划书中的时间表，召开了全公司所有部门领导参加的启动大会，于是整个公司都动了起来：公关部提前预订了新产品发布会场地；市场部开始进行广告投放；人事部开足马力开始招人；销售部门与各地经销商签订合同……公司上下都做好了准备，去迎接本年度公司最重要产品的上市。四周！只许成功不能失败！

但是到了第二周，他发现整个研发进度远远落后于预期，因为他自己之前的技术分析没有做好，低估了新产品的开发难度。面对这么个烂摊子，他吓坏了，他当时不敢主动去和老板谈，因为他害怕破坏老板对他的信任，而且他知道全公司所有部门都做好了四周上市的准备，即根据他的承诺做出的准备，该花的钱都已经花了，如果这时候跟老板说事情有可能搞砸了，那老板还不得吃了他！于是他就选择了最蠢的一种方法：不向老板报警，同时拼命地压榨自己的研发团队日夜赶工，幻想着能在最后一刻追赶上原有的进度。可结果呢？一件原本可以挽回的事情，最终变成了一场彻头彻尾的灾难。

技术问题最后还是没有得到彻底解决，因此四周上市变成了一句空话，公司的声誉受到了严重的损害，经济上的损失那就更别提了，而他本人最后也灰溜溜地被公司扫地出门，得到的是一个彻头彻尾的双输结局。

3. 期望值管理

那么正确的做法应该是什么呢？简单来讲，当事情搞砸（或者将要搞砸）时，要遵循以下步骤去管理老板的期望值。

第一步，诚实客观地承认错误，千万不要隐瞒犯错、事情搞砸的原因，因为如果你不能一上来就把这件事讲清楚，并被老板理解和接受，那么后面的步骤你根本就进行不下去。老板会反复在发生问题的原因上和你纠缠不清，所以安抚他的情绪，让他千万不要怀疑你所说的话，这一点非常重要！

第二步，一定要在自己的内心深处想清楚在这件事情中，什么是老板的核心目标，什么是他最重要的期望值，比如前例中的那个 MBA 学生，其实他的老板在本次事件中最核心的诉求不是四周上市，也不是说，不能按时上市就会造成损失。从本质上来讲，他最关心的是效益！如果你明白了这点，那就应该在整个沟通中始终将着力点放在如何给老板赚更多的效益上，而不是反复纠缠于上市时间。只有在最本质的期望值上和老板达成共识，那你和老板才有可能最终一起找到双方都同意的解决方案。

记住，老板的期望值是效益，获取更多的效益！在这个期望值上，你绝不能和他讨价还价，更不能降低他的期望值！

第三步，提供切实可行的解决方案。问题已然发生，那就赶快修改原方案，或者找替代方案。在提供新方案时，请注意以下三点：

第一，尽量让老板做多选题，而非单选题。也就是说，最好给出备选方案，具体到上节案例中，产品研发部经理就应该给出最少以下两种建议：①不增加投入，但是需要延长研发周期N周；②按时交货，但是需要额外的投入和支持。

第二，无论哪种方案，都需要将它们的优劣势客观全面地讲清楚，你可以表达自己的倾向性，但是绝不能选择性地收集信息和数据，以影响和欺骗自己的老板去接受对你有利的方案。比如针对上节案例的情况，你可以说：①方案的好处是没有额外的金钱投入，不需要改变技术参数，但是坏处是无法按时上市对公司声誉会造成影响，同时会因此和供应商在合同方面产生一些法律上的纠纷。但是从长远的角度来看，可以给公司带来多少收益。如果选方案②，那么好处是……坏处是……一共可以带来多少经济上的回报或者损失。千万记住，老板的期望值是什么？效益！因此无论哪种方案，都要始终围绕着能否给老板增加效益这个基本点去转，绝不能在这件事情上含糊！

第三，就新方案和老板达成新的共识，然后立刻采取行动。

4. 准备预案

在关于期望值的沟通中，除了前几节讲的几点，还有一个非常重要的步骤，即“在给出的新方案中，以预防性措施为主”。

再回到第 2 节的那个案例中，如果以后向老板介绍新方案时，老板心有余悸地问你：“那你给我做个保证，之后还会再出问题吗？如果再出问题怎么办？”你该怎么回答？

说“会”？那老板肯定会生气！你已经搞砸一回了，现在又说还有可能会出问题，那要你干什么？

拍胸脯说“一定不会”？可是技术研发这种东西谁能说得准呢？如果我现在敢于这么肯定地拍胸脯，那么老板的第二个问题怎么回答——如果再出事怎么办？这不是自己给自己挖坑吗？

这时候就需要给出预防性的措施，这是避免出现以上种种尴尬的最好办法。

什么叫预防性措施？简单点讲，就是在给出任何承诺之前，一定要预先想到可能的风险，并为这些可能性提前制定出应对的方案，这样一来，就算是潜在的危机出现，你也不会手足无措，而且最关键的是，不会让老板觉得你是个言而无信的人，因为你已经提前告知了可能出现的各种状况，并准备好了预案，换种说法，就是给老板设立一个“合适”的期望值，这样当事情出现了偏差时，你的老板就不会手足无措，更不会问责你了。

把这个概念带回到第 2 节的案例中。最好的做法是，研发经理第一次给老板做出四周上市的期望值设定时，应该充分地预想到可能会出现的潜在风险，比如开发难度分析不足，市场环境发生了改变，试生产中出现了偏差，等等。然后基于这些风险，在原始的计划中加入预防性措施。

比如可以这么做。根据技术研发的流程和进度，我发现一共会有四个主要的技术难点要攻克，从技术研发进度的角度来看，它们分别会出现在第一周的周五（第二周的周四／第三周的周五），因此我建议公关部的新产品信息不要一次性发布，头两周只是做预热但不要放具体的上市时间，如这样宣传：近期内将有一款颠覆性的手机产品上线，它将彻底改变你对手机的理解。到第二周我攻克了最主要的那些技术难题后，已经可以比较确定地知道准确的上市时间了，那我们第二波宣传再上，然后第三波、第四波。与此同时，销售部市场部、HR 都按同样的逻辑，制订自己的招人计划、签经销商合同、准备新产品发布会等工作，这样就算预估的风险出现，也不会给公司造成大的损失。

其实犯错并不可怕，可怕的是你没有担当，不敢承认失败，没有诚信，而且不知道从错误中吸取教训，不懂得自我学习和自我提升，这些才是影响老板对你的信任的关键！

小结

当我把事情搞砸了以后，怎么挽回老板对我的信任？

第一，用积极主动的心态对待问题（机会），巧妙地和老板沟通。记住，找老板之前一定要仔细分析最新的形势，然后用不同的方法去和老板汇报：只是告知动态，还是需要重新管理期望值。

第二，学会期望值管理三步法：设定期望值—管理期望值—巩固信任关系。管理期望值绝对不等于降低期望值，你首先要找准老板最核心的诉求和目的，然后围绕着他的期望值提供多个新的方案，最后和老板一起做出选择。

第三，在给出的新方案中，以预防性措施为主。向老板做出承诺之前，一定要多想想有什么潜在的风险，并提前为这些风险准备好预案。

第5章

老板拍脑袋做决策，我该怎么办

在管理和老板的关系上，有一类很难处理的情况，你或许曾经或者将要碰到，那就是当你觉得老板的决定是错的时候，应该怎么去和他谈判？

作为下属，相信你一定会遇到老板动不动就“拍脑袋”做决策，最严重的是，从你的判断来看，这些决策是“错误”的！那么作为一个下属，当发现老板做错事的时候，什么才是“怼老板”的最佳方式呢？

向上谈判“三部曲”主要有三个要点：

（1）立足于“我们”，而非“我”；

（2）不谈对错，关注妥协和交易；

（3）利用“与老板谈判工作表”做好谈判前的准备。

1. 老板的抉择

我在职场行走了 24 年，从一个工作了半年就被老板扫地出门的职场新人，一路走到全球 500 强公司副总裁的位置，其中最大的一个感悟，就是要学会用“我们”而非“我”的思维来看待与职场伙伴的协作和冲突，甚至是矛盾。这里面就包括上下级关系。毫不夸张地讲，在我 24 年的职业经历中，一共共事过 15 位老板，如果你在我还是这些人的下属时问我，这 15 位老板中有哪些人可以被我称为“靠谱、睿智、理性、不拍脑袋做决定”的好上级，那我可以非常负责任地告诉你：只有一个。可是当我后来慢慢升到他们的位置之后（甚至成了他们的上级），我才真切地意识到，其实真正不靠谱、不睿智、不理性的人是我，因为我不懂什么叫“以老板的眼光看待这个世界”。

很多年以前，我曾经管理过一个亚太区的运营团队，手下管理着大概四五个国家的业务，每一个国家有一位营运总经理。有一年其中一位总经理因为个人职业发展的原因，申请调到外部门去了，这个职位就空出来了。对我来讲，当时我有两种选择去补这个坑：一是把原来总经理的一个下属直接提拔上来补这个位置（他当时是高级运营经理）；二是把总部的一个项目管理的总监下派，这个项目管理总监当时是我的直线下属。

说实话，这两种选择各有利弊，比如，如果直接把下属提拔上来，这个下属的优势是他很熟悉当地的情况，和团队的关系也很密切，而且具有丰富的一线管理经验；但他的劣势也很明显，这个人大局观不太强，而且他在压力下工作非常容易情绪化，以前有那个总经理在上面提点着他还好，如果真把他提上来，独立管理一个国家的业务，凡事都需要他自己独立做决定，我真的没有十足的把握。

如果直接把我的一个项目管理经理派过去，好处是这个人有大局观，具备丰富的项目管理经验，成熟稳重，而且懂得自我激励，自我学习能力很强；但是劣势也很明显，他没有很强的一线实际工作经验，而且也没有带过超过 50 人以上的大团队，而当时在这个国家的整个客服团队有上千人，而且他不熟悉当地情况，所以这也是他的一个劣势。

当时我真的是挺纠结的，到底选哪个？但是现任的总经理只给了我一个月的时间，我必须尽快做决定。最后，我在综合考量了自己对这两人过往几年跟我共事的经历，以及我对他们的了解，再加上我征求了HR和很多其他跟他们一起工作过的跨部门高管们的意见之后，做出了一个方案：把我的项目管理的直线下属派到当地，去担任这个国家的客服总经理。

此项任命是周三发布的，结果不到三天，我就听到了一个既震惊但是又不意外的消息——那位落选的高级运营经理，因为忍受不住落选的打击，以及内心的郁闷，开始在外面寻找机会了，并把这个消息散布了出去，大有“此处不留爷，自有留爷处”的豪迈感觉。

2. 少份抱怨，多些理解

当消息传到我的耳朵里时，我的心情挺复杂，因为我当时并不太想让他离职，原因有这么几点：

第一，他的工作成绩还是不错的，而且也颇具潜力。虽然说他自身确实有着诸多不足，这次他并不是最佳人选，但这并不意味着他将来就无法晋升到总经理的位置。

第二，从私心来讲，我也不想让我的下属，尤其是在一线打拼的那些营运团队的兄弟们，觉得大老板没有人情，只喜欢身边的人，干活你让我们上，结果有了升迁的机会了，你就把我们忘记了。

第三，从我个人的角度考虑，我不想在短时间内，因为过多的人员流失，造成当地的运营出现状况，因为运营一旦出现状况，最终真正影响到的是谁呢？还不是我个人的业绩！所以为了自己，我也希望他在短期内不要离职。

出于以上几点考量，再加上我当时确实也觉得有一点对不起他。所以到了星期一，我就想约他，跟他聊一聊。结果没等我找他，他就迫不及待地主动来找我，给我发微信说："老板，我很郁闷，我一定要跟你谈一谈。"然后星期一一大早，我们就开了个电话会议。

结果会议开得十分郁闷，原本一个小时的会，最终不到 30 分钟就草草收场了。

电话一接通，我就直接问他："怎么样，听说你要找我聊一聊。"我的话音未落，他就开始倾诉衷肠了："老板，我觉得特别不开心！"于是我也装糊涂地反问道："你为啥不开心呢？"他说："老板，我觉得你这个决定是错误的！因为我仔细对比过，我和 ×× （新任总经理）相比，我发现我比他更有优势，我在这边已经待了六七年了，我比他更熟悉团队，我更熟悉当地的情况，我和其他部门的关系更好……"

他大概讲了快 15 分钟，把我憋得尴尬癌都快犯了。然后中间在他停顿的时候，我赶快插话说："你讲的这个我能懂，但是你让我给你讲一讲，我为什么会选择他。"但我开了头，没讲两句，就被他打断了，他说：“老板，你说的这些我都懂，但是他的那些优势我也有啊。”接着就又像祥林嫂一样絮叨开了，向我细数了他这段时间以来的工作成就，又讲了15分钟。

说句实话，我这个时候的耐心基本上已经快被磨没了，于是我也很直接地打断了他：“小伙子，该说的咱们也都说了，那你给我一句痛快话，你最终的决定是什么？”他犹豫了一下，告诉我，他还是想去试一试其他部门的机会。我又最后问了一句：“那你觉得我现在能做什么可以让你改变决定？”他想了想，最后说：“我还是想去试。”我只能对他说“祝你好运”。

3. 立足于“我们”

电话会议停掉后，我立刻做了这么几件事：

第一，我马上召集HR还有即将被派到当地的新任总经理开了个会，将未来中国区的组织架构重新做了规划——简单来说，直接把那位准备辞职的高级运营经理从未来的架构表中踢出去！

第二，马上在现有的团队里，从和他同级别的高级运营经理中挑出了两位人选，派新任总经理立刻和他们谈话，然后重新划分了他们的工作范围，将“那个他”的团队打散，重新分给这两个新的人选。

第三，该升职的升职，该加薪的加薪，该画饼的画饼，一时间整个中国区、整个团队，所有人都觉得非常开心，因为每个人的工作范围都扩大了，都有了新的希望，结果到最后，大家无不欢欣鼓舞，纷纷争相表示一定要做好支持新任领导的工作，同心同德，共创辉煌！

三周以后，传来了一个消息，这位离职的高级运营经理去面试外部门没成功。他只好灰溜溜地回到了本部门。结果这个时候就尴尬了，他原来部门的团队已经被打散，分配给别人了，所以留下来没他的位置了。走不了也留不下，结果他就变成了一个非常尴尬的存在。

这个朋友犯的最大的一个错误，就在于他只立足于“我”，而没有立足于“我们”去向上谈判。

如果他能按以下三个步骤去做也许结果就截然不同了。

第一步：可以表达自己的郁闷，但无须在领导面前演戏，真诚坦率地告诉领导自己内心无比失望的感受，换取老板的理解和同情。

第二步：无论你个人有多么郁闷，都必须无条件接受组织已经做出的决定——也就是他觉得最错误的那个决定。

其实我真的不知道我当初做的那个决定是对的还是错的。但是 20 多年的职场经验告诉我，已经发布的决定是绝对不能更改的，这一点自始至终我都非常坚持，甚至我不惜做出牺牲。

比如把这个高级运营经理牺牲掉，因为我知道，一个组织要想良性运转，就像一台机器一样，是需要规则和程序的，你或许可以质疑或者是校正某个个体的好坏优劣，但是绝对不能去挑战规则本身，因为打破一个规则可能比坏规则本身对组织和个人所造成的危害还要大。这件事没有什么对错，就像欧美电影里，经常讲的那样："对不起兄弟，It's all about business（这全都是生意）！"

4. 支持上司，学会妥协

在向上谈判中一定要注意的第二点是，和老板谈判，不谈对错，关键在于妥协和交易。

在上一节案例中，其实从一个老板的角度，我当时都已经做好了补偿和安抚那名高级运营经理的决定。也就是说，如果他真心接受安排，也就是我做出的决定，而且积极配合新任领导尽快去熟悉情况，帮助团队顺利渡过难关的话，我相信我当时会立刻做出一些妥协。比如考虑给他加薪，马上调整他的职务级别，虽然无法把他立刻提升到总经理的位置，但我完全可以给他做倾斜，比如扩大他的团队规模，给他更多、更新的发展机会，而且将来如果有哪个部门的总经理岗位出现空缺，我都会优先考虑他的。

这时对他来说，只要他拿出付出物，也就是他对组织和老板所做出决定的理解、接受和支持，并且服从，那么他就一定能换取获得物。什么是获得物呢？老板的信任，今后的优先发展机会和在老板心目中长远的价值。

5. 换位思考，体谅领导

听完了这个令人欷歔的小故事，下次当你要和老板进行有建设意义的谈判时，就必须学会使用下面这张“与老板谈判工作表”。

与老板谈判工作表 使用这个表格来准备你与老板的谈判	
第一步	引起这次谈判的事件、问题或机会是什么？
	我认为老板的目标是什么？
	从我的建议和方案中我能保证带来哪些好处？
	会有什么风险？
第二步	在这次谈判中我的目标是什么？
	在这次谈判中我期待获得什么结果？
	我如何影响老板的心态？从老板的角度出发我应该如何定位我的方案或建议？
第三步	如果老板不接受我最初的方案，我还能提供什么备选方案？

第一步，站在老板的角度来看待整个事件，找出引起此次谈判的核心问题，并以此为出发点来准备支撑整个谈判的资料、数据和信息。比如，这时候你可以问自己以下几个问题：

（1）引起这次谈判的事件、问题或机会是什么？

（2）我认为老板的目标是什么？

（3）从我的建议和方案中我能保证给老板带来哪些好处？会有什么风险？

第二步，在保证老板的利益得到满足的同时，如何让自己的诉求也能得到实现——这就叫“我们”的思维模式。比如此时你可以问自己这些问题：

（1）在这次谈判中我的目标是什么？

（2）在这次谈判中我期待获得什么结果？

（3）我如何影响老板的心态？从老板的角度出发我应该如何定位我的方案或建议？

第三步，尽量不要以单选题展开讨论，提供备选方案将极大地减小老板说“no”的概率，同时让他感受到你的客观和开放的心态。比如可以问自己：

如果老板不接受我最初的方案，我还能提供什么备选方案？

小结

当我们发现老板又“拍脑袋”做出了一个我们觉得错误的决定时，正确的处理方法是：

第一，立足于“我们”，而非“我”。你一定要多站在老板的角度去思考为什么他会做出如此“不靠谱”的、错误的决定，我相信只要你足够客观和理性，真的是从“我们”而非单单从“我”的视角看待问题，那么老板的大多数决定，就能理解了。

第二，不谈对错，关注妥协和交易。诚实地表达自己的感受；无条件接受老板已经做出的决定；拿出自己的付出物，去换取老板的信任和机会。

第三，做好谈判前的准备。理解并熟练掌握“与老板谈判工作表”，把和老板的每一次谈判都当作和他加深理解、巩固信任关系的好机会。

第 6 章

让你的话语权
大过你的头衔

在我们的职场关系管理中，除了向上的关系打造，也需要刷新与同事相处的模式。如何才能让自己在团队中有足够的曝光度，使影响力和话语权大过你的头衔？你必须明白以及做到以下三点：

（1）你的话语权与职位无关；

（2）打造非授权型影响力，助你脱颖而出；

（3）在公司中塑造大过职位的个人影响力。

1. 职位≠话语权

首先，你在公司中的话语权和影响力，其实并不是由你的职位决定的。

相信很多人小的时候都会有这样一种感受：真正在班级里最有权威，小伙伴们最仰慕他、最听他话的人，往往并不是班长或者班干部，即那些由老师给予职位的人。那么什么人通常在班级里最有号召力呢？最能够帮班级里的小伙伴出头解决问题的人，知识最渊博的人，等等。

孩子们的世界如此，其实成年人的职场也一样。在公司里，当你和平级的同事打交道时，比如，因为跨部门的项目合作，或是因为部门之间“利益分配不匀”（资源调配、任务分解、利益平衡）发生了冲突，或者只是工作中出现了困惑希望能找个人指点一二，你首先想到的人是谁？或者说你觉得这时候谁站出来说话会对事情的解决非常有帮助？

此时在你的脑海中出现的名字，很有可能并不是你职务上的老板，而是那些“无冕之王”——就是那种职务并不很高，但是在同事中非常有人缘、有公信力，而且值得大家信赖的人。此时大伙对他的信任、尊重和服从，就是源于一种与职位无关的影响力。

记得每当我在MBA的教室里给职场小伙伴们讲授“领

导力原则”时，很多职场人尤其是那些初阶的管理者，通常会有一个思维上的误区：想当然地把职位的高低与管理者在组织中的话语权、领导力和权威相提并论。也就是说，很多职场人认为，谁的职位越高，谁的话语权就越大，影响力也就越广。因此按照这种逻辑，对于那些公司中还没有混到一官半职的基层员工，或者刚刚当上基层主管的人来讲，谈建立自己的领导力、影响力和话语权，是没有意义的，因为自己在现阶段根本就不用考虑这些问题，只有升到了领导者的高位，再谈领导力才靠谱。

其实这种想法是非常错误的，而且对你在职场中的发展也相当不利。因为按照管理学的理论来说：个人的领导力与影响力，并不是由组织授权的，从本质上来说，它其实是一种“行为习惯”。说得再细一点，这种独特的行为习惯是由三个因素所组成的合体：知识、能力，意愿。

知识：知道要做什么，以及为什么要做这件事。

能力：当目标设定了以后，有能力把它做对做好。

意愿：渴望去做，愿意主动积极地去做。

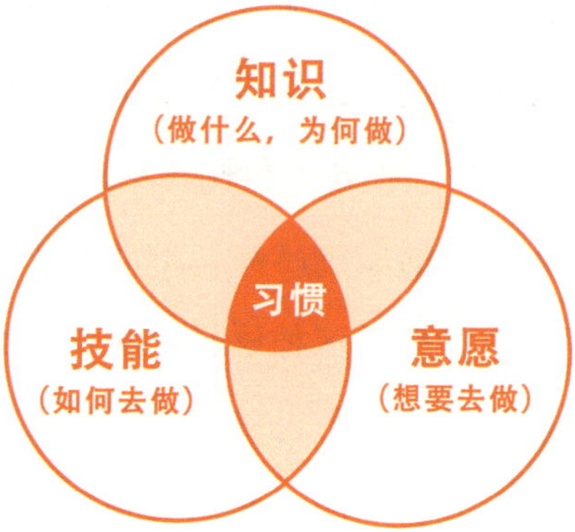

所以，无论你现在在组织中担任什么职位，有没有很高的头衔，这些和你的话语权其实并没有太大关系。真正让你的同事尊重你，愿意听你的意见，甚至心甘情愿地追随你，靠的是你自己独特、卓越的领导力行为习惯。

2. 亚马逊的游戏规则

我曾经担任过亚马逊的副总裁，这是一家目前上升势头非常迅猛的公司，2018 年 9 月已成为市值超万亿美元的公司。亚马逊之所以会取得如此傲人的商业成就，这和它内部非常独特的管理哲学和方法密不可分，这其中就包括潜在领导者的挖掘与培养机制，比如，当我们要提拔一名员工到更高的级别时，最需要考虑的因素是什么。

亚马逊的“升迁游戏”通常是这样的：首先由被提拔者

的主管进行提名，然后 HR 会要求被提拔者填写相应的文件和表格，在这份“自证卓越”的个人“吹嘘”材料中，最大的亮点不是你在本职岗位上所取得的成绩，而是要你从 360 度的视角找到最少 5~6 位上级、平级以及下级的员工给你写正反两面的意见，而这些意见和反馈的着力点，就是关于你的领导力和影响力。当这些材料收集完后，此次“升迁游戏”中最大的亮点就要登场了，那就是 OLR（全员领导力考察）。

这是一个由全公司所有部门主管参加的会议，每年举行一次。在这个会议上，要通过集体决策的方式，最终拍板决定本年度所有的升迁者。注意，这里面有两个亮点我必须加以强调。一是与会者来自公司所有的部门，也就是说，如果你只搞定了本部门的主管，但是其他部门的领导、同事对你没有印象，或者有不好的印象，那么你升迁的机会就微乎其微！

二是与会者讨论的重点不是你在当前岗位和职级上所做出的成绩和表现，他们最关心的是你能否做好下一份工作，以及是否具备影响和领导更高级别主管的能力。这种能力，在亚马逊内部就被叫作“非授权型”的影响力。

假如你现在就在 OLR 会议的现场，那么你会频繁地听到与会者问到下面这些问题：

（1）看了 Peter 的升迁介绍材料，我想问一下他的主管：如果我们现在就把他升到下一个级别，那么和你们部门中那些已经在这个级别的同事相比，Peter 的影响力和领导能力能够排到第几名？（此时如果名次靠后，那么这个挑剔的家伙估计还会追加一个问题）既然 Peter 的排名如此靠后，那么为什么不从外面招聘一个更合适的人选呢？为什么一定要升他呢？

（2）作为 Peter 跨部门的同事，我曾经在某项目上跟他有过合作，在那次合作中我认为他推动整个项目的能力和效果并不好，因为当他和其他部门发生冲突和意见分歧时，他不能迅速做出反应，而且他说服和影响别人的技巧很差，态度也很生硬，我对他能否承担更大的挑战，处理更加复杂的跨部门合作和协调关系确实没有信心。

（3）作为 Peter 的 HR 合作伙伴，我觉得他在本部门的曝光度和影响力还是不错的，但是在整个公司的层面，我觉得他的知名度、影响力，还有话语权就显得非常薄弱了。我想问一下他的老板，你觉得这种现象是和他自身的领导能力相关，还是你对于他的指导、工作安排不足造成的？请你向我们澄清一下好吗？

这些苛刻、无情、严厉的问题都是在考察你的非授权型影响力。越是大型的组织架构，越是初创型、变化快速的公司，就越看重你的这种能力。因为那些靠组织任命所得来的影响力和权威，并不能显示出一个管理者真实的能力。

所以说，你在一家组织中的话语权，其实真的和你的职位没什么关系。真正考验一个领导者的，是他的非授权型的影响力和权威。

3. 塑造影响力

那我们要如何具备这种能力，如何在公司中塑造大过职位的个人影响力呢？

根据我的经验，要想在整个公司成为那个曝光度高、话语权强、值得大家尊重和信任的人，以下三点是缺一不可的：

第一，消除本位主义的狭隘思维方式，从更高的层面、更广的视野看待个人影响力；

第二，勇于对自己的行为负责；

第三，扩大自己的影响圈。

（1）消除本位主义

所谓的“本位主义”思维，就是指在工作当中只盯着自己的一亩三分地，认为只要自己在本部门、小团队当中受人尊敬，有权威和话语权就行了，至于老板的大团队、其他的合作单位，甚至整个公司，那就不在我的考虑范围内了，反正这些人既不归我管，我也不汇报给他们，没必要和他们发生关系。其实这种想法是错误的，前面已经讲过，个人影响力是和组织架构表没有关系的，因此，你的视野应该放到更广的位置，这样才能在整个公司中为自己积攒起超高的人气和影响力。

（2）对自己的行为负责

至于勇于对自己的行为负责，这是因为当你将自己的手"伸到其他人的碗里"时，就一定会和你的同事、平级的合作伙伴发生关系，这个时候很容易产生冲突和矛盾，一些不成熟的领导者就会在出现问题时给自己找借口："这个跟我没关系，这不属于我的职责范围。""其实本来我就说了不要操那么多的心，你看，现在搞砸了吧？"此时的推卸责任，是最会损伤你和同事信任关系的一种行为。

我很喜欢《高效能人士的七个习惯》这本经典的管理学教科书，其中的第一个习惯就叫作主动积极（be proactive）。作者史蒂芬·柯维在书中提出了一个非常棒的概念，叫作影响圈和关切圈。按照他的解读，每个人都可以通过积极主动的努力，来扩展自己的自由度与影响力。下图展示了这七个习惯及其关联。

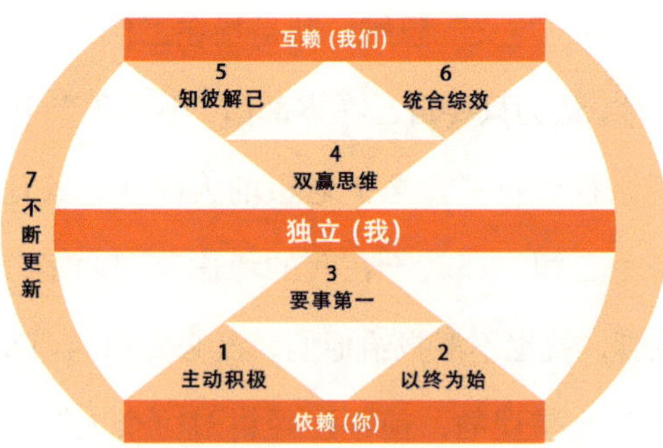

（3）扩大自己的影响圈

何为影响圈和关切圈呢？让我们先看一下这张图：所谓的关切圈就是指所有个人关切和担心的事情；而影响圈就是指一个人所能够影响到的事情。举个例子：在整个公司中，能决定和左右你个人的影响力和话语权的事情都有哪些呢？通常来讲，可能有以下这些因素：

你和公司大老板是否认识，你在公司中的职位，你的家庭背景，学历状况，外部门领导对你的了解和信任，你对于专业知识及公司业务的熟悉程度，你和公司同事的信任关系，等等。

在这些因素当中，有一些可以被归纳到关切圈，有一些属于影响圈。比如，你生在什么家庭？有没有受到良好的教育？你和大老板有没有亲戚关系？这些都属于关切圈的范围。也就是说，虽然它们和建立你的影响力有关联，但是它们都是你无力改变的，无论你喜不喜欢、高不高兴，它们都已经是既成事实了，所以就算你再关切再重视再计较，也对它们无能为力。

在这里，你真正能够改变的，是那些在影响圈中的内容，你虽然不能改变自己的出身成为大老板的儿子，但是完全可以通过自己的努力，积极主动地和外部门的领导、同事们多接触、多交流，逐步加深别人对你的信任和了解，从而和全公司的人建立起信任和谐的关系。此时你一定要在内心消除本位主义的狭隘思维方式，不要觉得这件事不归我管，就扔到一边去，尤其是当外部门的合作伙伴向你寻求帮助时，更要显示出团队合作的精神。此外，永远要对自己的行为负责，做事要有担当，绝不推卸责任——这些优良的品质在跨部门的合作中尤其重要。你只有坚持不懈地做好这些，才能逐步提升自己在整个公司中的知名度和口碑，并最终打造出属于你自己的个人影响力。

其实在这两个圈子当中，还有一些事情是属于中间地带的。也就是说，你完全可以通过个人的努力去改变这些事情的属性。举个例子：你的学历状况，你对公司全盘业务的熟悉程度，如果你在这些事情上什么都不做，那么它们只能是关切圈的内容。换句话说，你一旦大学毕业就不再继续学习了，那么你的学历就只能是大学本科。但是你会发现，要想在公司中得到技术人员的尊重，你原来在大学期间所学到的专业知识已经远远不够用了，这时候就有两种做法摆在你的面前。

第一种，积极主动的人就会努力做出改变：比如再去读个MBA，平时多看看相关的书籍，和专业人员多接触多学习。如果你能做到这些，那么学历状况就成了影响圈里的因素了——因为你可以自主地影响它、改变它。

第二种，消极被动的人就只会抱怨而不愿做出努力，他们只会给自己找借口：我之所以得不到那些技术人员的信任，在他们部门没有影响力和话语权，都是因为我的学历不高。要是我当初再多上几年学就好了！都怪我家太穷，非要逼着我找工作……

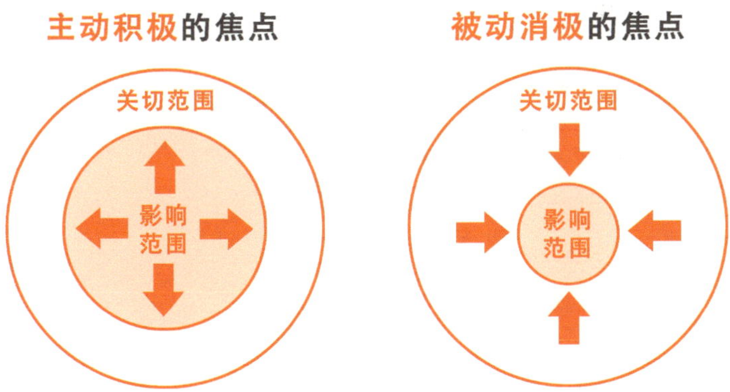

消除本位思想，对自己的行为负责，积极主动地扩大自己的影响圈。只要你认认真真地做到了以上三点，那么在公司中塑造大过职位的个人影响力，就绝非是一句看着很美而无法实现的空话。

小结

话语权大过头衔，以下三个要素缺一不可。

第一，你的话语权与职位无关。判断一个人是否具备卓越的影响力和话语权，要看他有没有优秀的行为习惯：知识，能力，强烈的意愿。这三点可以保证就算你没有身居高位，也一样可以在同事中具有超强的话语权！

第二，打造非授权型影响力，助你脱颖而出。其实真正决定我们在公司中的地位和发展好坏的，并不是组织赋予的权力，而是那些靠自己的努力得来的、和职位没有关系的影响力。

第三，在公司中塑造大过职位的个人影响力。永远把自己的精力放在影响圈而非关注圈，积极主动地出击，扩大影响圈，缩小关注圈，这样你才能掌握自己的命运。

第 7 章

规划你的独特人设，
提高职场能见度

“人设”，就是“人物设定”的简称，相信大家对此并不陌生。如今多少有点名气的歌星、影星，都会绞尽脑汁地包装自己，为自己设计出极具个人风格的人设。我觉得“人设”真的是个非常接地气、好理解又贴切的词，因此我把它引入到职场个人品牌塑造这个话题中来。

那么怎样才能打造出一个极具个人特色，从而让自己在组织当中能见度爆棚的人设呢？我觉得以下两个要素是必不可少的：

（1）利用SWOT分析法，设计具有个人特色的影响力模型；

（2）积极主动地提升你的职场辨识度。

1. SWOT分析法

什么是SWOT分析法？如何利用这种分析法设计出你的影响力模型？

SWOT又称态势分析法，最早用于企业战略分析。但是我发现，这种思维方式和工具对于个人影响力模型的设定也非常适用和有效。SWOT是四个英文字母的缩写：优势（strengths）、劣势（weaknesses）、机会（opportunities）和挑战（threats）。它是从内部和外部各两个维度，对企业的各方面进行综合和概括，进而分析组织的优劣势、面临的机会和挑战（威胁）的一种评估方法。

如何利用这种分析方法呢？

我们先看SWOT中的前两点：优势和劣势。这两点都是从内部的视角来分析我们自己的，也就是说，先给自己把把脉，找出自身在影响力上的所有长处和短处，然后一一填写进表格中。

就拿我自己来说，什么是我在个人影响力上的优势呢？

首先分析一下我的性格：我是一个个性非常鲜明的领导者，具备辨识度颇高的个人特质——如果不谦虚地来说，就叫作具有独特的“个人魅力”，比如敢作敢当，勇于承担责任，不怯场，当危机发生时敢于挺身而出，等等。

同时，站在我所从事的工作性质的角度来看，我深厚的专业知识和实际工作经验绝对是个加分项。因为在公司内部，只要讨论到用户体验、用户服务、会员制和客户忠诚度等话题，我的个人意见和看法一定是相当有话语权和影响力的。所谓影响力，其实就是一种在一对一或一对多时，通过沟通、协调、合作、命令等手段去改变他人的思想和行动的能力。如果想改变别人，那么就必须与他人发生亲密的接触，这时候，你的表达能力以及与他人的相处之道，就显得尤为重要。

那么我的劣势是什么呢？因为一直以来，我所供职的公司基本上都是外企，而且它们的全球总部一般都设在国外，因此当我升到一定的位置之后，就会多多少少遭遇到上升天花板的问题：中国区的高管我也当过了，那么下一步要去哪里？从 HR 的架构表上来看，去国外总部工作就成了不二之选。但是这样一来，我在中国区工作时所积攒起来的优势，因为场景的改变，可能瞬间就变成劣势了，比如我原本出众的演讲技巧和能力，在英文环境中就不灵了——相信在外企工作过的人应该都能理解。此外，在中国区，我的人际关系、人缘和话语权那是绝对没话说的，可是对于欧洲、美洲及亚洲其他国家的高管来说，我的曝光度还远远不够。所以，当我们在分析优劣势的时候，一定要注意相对应的场景和环境。劣势中的最后一条和我的性格有关：我有时挺随性的，也有点情绪化，这就造成当我和外部门的同事一起共事时，可能说话、做决定会稍显冲动，其实这对个人影响力是有损害的。

所以你看，所谓的优劣势，可以是你的性格、专业、工作能力，也可能是你的兴趣爱好、专长，等等。

再看机会与挑战。这两点是从外部的视角来分析我们自己的。

再以我为例，如果我问自己：什么样的外部机会会对我的个人影响力模型产生好的作用？这时候我就发现我所处的中国市场绝对是个加分项。因为随着整个中国互联网的飞速发展，了解中国国情、有中国背景的管理者就会在全球型企业中变得更为重要，这种特殊的经历会帮助我在一些全球型的项目中受到更多的关注——就算不是关注我本人，但我的中国身份会加重我的曝光度和话语权。与此同时，我在公司中有一个独特的身份，也会对我个人影响力的设定产生积极的影响，那就是除了本职工作之外，我还在公司中担任首席用户体验官的职位。按照亚马逊的规定，用户体验官有权参与公司几乎所有重大项目的讨论和决定，这让我有了大量的与其他部门的老板、同事和下属发生关联的机会。这种沟通合作的机会，让我在公司中的曝光度得到了充分的保证。

那么什么是我个人影响力设定上的挑战呢？通过对公司全球战略的分析，我发现公司的全球业务重心正在逐步往印度区转移，这就意味着像我这种立足于中国本土的管理者，起码在未来的一段时间内，可能没办法像印度区的管理者那样在公司中占据核心的位置。再加上公司全球组织架构的调整，原来和我关系密切的一批老板、同事纷纷离职或者换岗。这些因素加在一起，都可能对我的个人全球影响力造成一定的负面打击。

下面的 SWOT 分析表对前面的分析做了总结。

2. 影响力模型

通过 SWOT 分析，我已经对自己有了全面且清晰的认知，接下来，就到了进入个人影响力模型设计的阶段了。这时候我们需要遵循的原则是：取长补短，利用机会，化解挑战。还是以我为例：那些放在“优势”栏中的能力、技巧，以后都应该予以放大并重点加以发挥。而那些劣势的项目，当自己今后在和外部门产生联系时，就应当小心避免。与此同时，要积极主动地寻找并利用机会，一方面扩大自己已有的优势，另一方面有针对性地规避潜在的风险和挑战。比如，我的优势在于表达和与人沟通，那么在工作中我就应该多去发挥自己的这个优势，多用说和沟通、协调、谈判去影响别人；此外，多寻找与全球其他国家的团队和高管接触的机会，锻炼和提升自己的英语表达能力和意愿——这就叫取长补短。

同时，还要充分利用自己掌握的独特机会，比如我自身的中国背景，以及用户体验官的身份，这些都让我具有了比别人更多更广地接触全公司各个部门的机会。但我也不能忘记那些潜在的风险和挑战，比如随着全球战略的调整，最起码在近期内，我不能过度发挥自己的中国通标签，同时要尽早重新审视和加强我的全球关系网——因为组织架构的调整就要来临，我原来的那些人际关系可能将不复存在，这时候我要未雨绸缪，防患于未然。

经过如此一番缜密的分析和设定，最终我的个人影响力模型就横空出世了：“个性积极进取，善于表达，具有极强的团队合作精神、用户体验专业素养和全球视野的领导者。”

3. 职场辨识度

讲完了 SWOT 分析，我们已经对自己的个人影响力人设有了一个初步的认知，那么第二点就是要提升自己在整个组织中的辨识度，让与你合作的伙伴们都能知道你、了解你并尊重你的意见和看法，换句话说，让自己在公司中具有极强的个人影响力。那这个时候你又应该具体做些什么呢?

简单来讲，以下几个动作，都是对提升个人在组织中的曝光度、影响力相当有帮助的：

第一，树立聪明的得失观；

第二，积极主动地寻找扩大影响圈的机会；

第三，以帮助者的姿态与外部门建立关系。

如何提升个人在组织中的曝光度、影响力

还记不记得刚才在做我的 SWOT 分析时，提到在“机会”这个模块中我有一个独特的身份叫作“用户体验官”？我为什么要当这个用户体验官呢？这个体验官的身份是如何帮助我提升自己的个人影响力的呢？除了这种机会之外，还有什么其他的工具、方法或机会也能达到同样的目的呢？

我在亚马逊一共待了将近 5 年的时间。这是一家非常关注用户体验的公司，为了保证公司里所有的员工（尤其是领导者）都能具有强烈的“痴迷于用户”的理念和行为，它的创始人杰夫·贝索斯在公司设立了一个非常重要的职位：用户体验官。并规定：公司当中所有涉及与用户体验相关的产品、网站设计、促销活动和科技创新等，都需要经过用户体验官的审核与批准。所以说，这个用户体验官在公司中真的非常重要。但如此重要的岗位居然不是专职的，而是兼职的。就拿我来说，我的本职工作是中国区副总裁，负责客服中心的运营、网站的维护、用户自助工具的开发等。可就在这个繁忙的本职工

作之外，我还要担任中国区的用户体验官，进行全公司员工关于用户体验文化的培训，负责所有与用户体验相关项目的审核，参与用户体验战略的制定和实施等。然而我的绩效考评 KPI 里没有用户体验官的内容。也就是说，用户体验官和我的奖金、工资并没有直接的关联。

4. 把握一切机会

我为什么还要去做这个吃力不讨好的工作呢？

这份活看起来给我增加了额外的工作量，而且也不能给我带来直接、立刻的经济回报，也就是说，失大于得。但是它不折不扣地给了我另一种比钱更宝贵的利益：我在公司中的个人影响力！

因为要给全公司的新员工进行用户体验文化的培训，所以几乎 100% 的新员工都知道我的名字和工作职责。

因为所有的重大项目必须邀请我参与审核，所以我对整个公司的业务动态了如指掌，并且在项目的审核中和所有部门的同事们建立了直接的关系。

因为我是公司最重要战略的制定者和实施者，因此我会定期参加公司各部门的业务例会、项目例会、战略制定研讨会等。这些会议以及会议之后的互动和交流，让我和各级、各部门的主管们有了深入的、一对一的、公开的、私下的沟通，这让我在整个公司中建立起了非常广泛的人际关系网。

而最终，这一切的努力都会反射到个人影响力上来。其实说实话，一开始做这个用户体验官，我也是不情不愿的，因为不划算啊，付出了很多努力，可是对我的业务绩效考评并没有帮助。但是经过几年的实际操作，我才真的明白：要想在一个大的组织中提升自己的影响力，就不能太计较眼前的得失；与此同时，一定要把视线延伸到更大的领域，积极主动地去寻找可以扩大自己影响范围的机会。

此外，在你和外部门发生交集、建立关系时，一定要摆正自己的位置，以一种帮助者而非麻烦制造者的态度去和他人进行沟通交流，这样下来，你在别人心目中的价值和地位才能变得越来越重要，最终，你的个人影响力才能得以提升。

其实职场中类似用户体验官这样的机会还有很多，比如跨部门的项目合作，不同岗位间的轮岗，担任公司的内部培训师，在员工俱乐部中担任活动的组织者等。这些工作或岗位都是非常好的可以扩大自己影响力范围的机会。

・・・

小结

要想规划好你的独特"人设"，提高职场的能见度，那么以下两种技能你必须要掌握。

第一，学会使用SWOT分析法，设计具有个人特色的影响力模型。明确自己内在的优势以及劣势，然后把视角转到外部，分析一下什么是你可以拿来利用的机会，什么又是你潜在的挑战（威胁）。

第二，积极主动地提升你的职场辨识度。千万别再狭隘地理解得失了，在大型组织中要想有超高的人气和影响力，那你就一定要绞尽脑汁去寻找可以扩大自己影响范围的机会，以帮助者而非旁观者的态度去和外部门的同事们积极主动地建立关系，这样，你的个人知名度和影响力才能真正得以提升。

第 8 章

进入新环境，
如何快速获取同事的认可和尊重

上一章我们谈到了影响力，因此我们必须与周遭的环境和人群发生关系；那么当我们与公司中的同事、老板进行接触，对他们施加影响时，我们需要注意什么？假如你现在刚刚换了一家公司，或者调换到了新的部门、进入一个新环境时，如何才能快速获取同事的认可与尊重呢？

要想做到这一点，有以下两个秘诀：

（1）让职场的前辈们接受并认可你的个人价值；

（2）先“打”后“拉”，与同事建立相互尊重的关系。

1. 职场的个人价值

首先，如何让职场的前辈们接受并认可你的个人价值呢？

什么叫职场中的个人价值？其实很简单，就是你的职场圈里的人遇到事情的时候首先想到你的概率。比方说，所有你认识的和认识你的人，在遇到事情的时候，首先想到的是你，那么，你的个人价值在你的职场圈里就是100%；如果他们遇到问题无法解决时，没有一个人想到你，那么你在你的职场圈里的价值就是零。所以，你的个人价值在0和100之间，如果超过60叫及格，达到80就是优秀，95以上就是极有价值了。

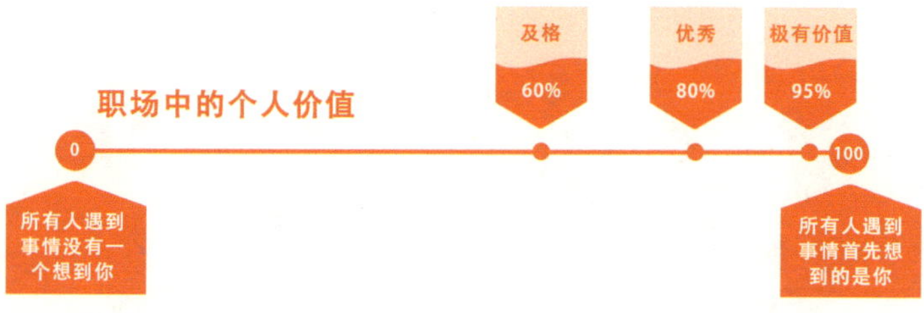

那么另一个问题就来了：我身边的职场小伙伴为什么在遇到事情的时候会想到我？这个道理并不复杂，因为我可以实实在在地帮助他们解决问题。也就是说，我们的个人价值来源于我们可以帮助职场圈里的人解决多少问题，即我们自己具备多少能量和能力！这里的能量是指个人在组织中的人际关系能力、话语权、影响力——尤其是那种我们讲过的“非授权型”的影响力；而能力是指做人做事的技巧和方法，比如讲诚信有担当，深得同事的信任，具备某个领域资深的专业知识，做事高效，执行力强，等等。

最后，再来说说个人价值是怎么体现出来的。在前一章中我们提出了个人影响力 SWOT 分析表，也以我为案例清晰地列出了我自身的优劣势，以及面临的机会和挑战。其实所有这个表里的因素都可能成为我的个人价值，或者换一种说法，这些也都可能成为别人想起我、愿意接近我、想和我建立关系的原因与动力——因为我能帮他们解决问题。

由此可见，个人价值是让团队中的小伙伴认可并接受你的关键，而这一点对于一个刚刚进入新环境的人来说尤其重要！因为人的行为是有惯性的，别人对你的第一印象，与你打第一次交道时双方互动和交流的情况，会被同事们带到今后的工作中去。因此，从一开始就要定好今后合作的基调，这是非常必要的！在此还有一个小秘诀：打蛇打七寸，擒贼先擒王，这样别人一看才会怕你。所以说，首先搞定那些职场中德高望重的老同志，这对你被整个团队接纳和认可绝对是个加分项，因为其他人会有样学样，跟着这帮前辈们对你刮目相看。

举个例子：为什么技术研发小组的工程师愿意找我？因为他们知道，产品立项和最终的评估结果需要我的参与和意见，因此提前和我沟通，会让他们的研发进度事半功倍。仓储物流的同事们为什么经常会想到我？因为他们知道我会以用户体验官的身份定期参加销售部门的例会，我可以帮他们传话和敲边鼓，也就是说，当销售部门做错事的时候，比如销售把促销价格定错了，大量客户要求退换货，结果快递小哥累得半死，这时候我就可以以用户体验官的身份和权威去要求销售部门做出改进，这样就能减轻后端运营部门的压力。

2. 个人价值≠处好关系

职场难道就只是讲利用和利益吗？这是不是也太功利了？对这种观点我坚决反对！

那你进入新环境的时候，应该如何让身边的同事快速认可你的价值，并尊重和接纳你呢？

很多不了解职场的新人可能会这么说：“这还不简单，对于初来乍到的我来说，要想让身边的同事接受我、重视我，那么最关键的就是要让大伙喜欢我！只要做到了这一点，与同事的和谐、信任的关系自然就有了，还不会让他们觉得我功利。”

根据我的观察，这种幼稚的想法通常都发生在初入职场的新人以及刚刚坐到管理岗位的小主管身上。这是因为他们把问题给搞混了：与大家打成一片，不等于有影响力和个人价值。职场不是过家家，不需要人人都说你好。职场生存是一个讲求效率和效能，以追求最大商业回报为目的组织游戏，除了个人品质、情感因素，要想在这个地方获得别人的认可与尊重，能否给他人创造价值和利益才是最需要考量的因素。当然，我并不是说和大家处好关系不重要，而是想让你明白：职场关系的核心是利益和价值，只有想清楚了这一点，才能让自己在和外部世界发生互动交流时，始终把重心放在能否帮助别人、能否给别人创造价值和效益上，而不是一味地讨好别人，取悦同事，让人人都说你好。因为职场竞争是非常激烈的，如果你只会讨别人开心，只能和他人维持一种和谐而非互惠的关系，那么这种所谓的好人缘其实根本没有用，一旦在利益上和别人发生冲突，那么你就有可能被组织中的同事瞬间“牺牲”掉！

因此，正确的解读应该是：让别人清清楚楚地看到、感知到你的个人价值，这样你才能真正地被组织中的职场前辈们接受，并且让他们心甘情愿地认可你，你才能慢慢地在公司中占据一席之地！

3. 价值认可

谈完了个人价值，以及为什么要让别人认可你的价值而非廉价的好关系，那么另一个更深入的问题就来了：我该怎么去做，才能和组织中的每个人建立起真正有价值的关系，也就是我之前所说的相互尊重、值得信赖、认可彼此的价值和重要性，而不只是停留在表面上的和谐关系呢？

说实话，这个问题确实不容易回答，不过别担心，我有秘诀教给你，那就是：学会先“打”后“拉”，与同事建立相互尊重的关系。

根据我这么多年的职场经验，我发现大多数的新人刚刚加入一个组织时，为了尽快获得同事们的认可和接受，与周遭环境建立起初步的关系，这些人一般都会采取“拉”的方式来破冰。什么叫“拉”呢？就是尽量多地对别人说“yes”，少说“no”。举个例子，我是一个刚刚调到新部门的项目管理经理，为了给大家留下好的第一印象、快速地被同事接受，在和外部门的同事就项目的进度和质量进行审核与评估时，我就尽量做到多表扬少批评，就算我有不同的看法，也不会当众指出来——最起码不会在一开始就指出来，因为我担心如果这时候不小心“得罪”了别人，恐怕会对我和其他同事建立良好的关系不利，所以还是能“拉”一个算一个吧，靠说好话多拉点同盟者，应该不会错。

如果你平时总是这么做，那你就犯了个大错！因为你还没有搞清楚职场关系的核心是什么。

职场不是过家家，我们每天来公司上班是为了什么？是为了给企业创造价值，然后也从中获得自己的利益（金钱、职业发展、成就感……）。请你好好想想，只说好话、多表扬等行为真的能够换来别人对你的尊重吗？真的能够让别人发自内心地认可你的价值吗？真的会让别人佩服你、愿意在工作中追随你吗？

4. 先“打”后“拉”

我想讲一个故事，这个故事的主人公是我们公司新来的一位法务部门主管。因为工作的原因，我的部门经常会和法务部打交道，需要其审核合同，一起处理消费者的法院上诉案件，制定公司的售后维修政策，等等。之前的法务部领导因为个人原因离开了公司，所以这位主管是最近才被公司招进来的。其实坦率地讲，之前我们已经和法务部门合作过多年了，因此双方沟通合作的流程还算顺畅。就在这样一个背景下，当这位新任法务部主管上班后，我们第一次和他打交道时（一个消费者将公司诉讼到了法院），根本没有做特别的准备和考虑，结果就被这位新主管给好好“折磨”了一番，因为他根本没有按套路出牌。所谓的套路，也就是我刚才所说的：初来乍到的新人，应该用“拉”的姿态和同事们建立关系。而这位主管一上来就直接开“打”，给我们弄出了一堆事情，可最终的效果却很好！我们被这一通劈头盖脸的“暴打”后，居然人人都非常佩服这家伙，并且之后在工作中一旦遇到法律上的问题，首先想到的就是他！因为我们觉得他确实对我们有帮助，能给我们带来价值，所以最后全公司上下都对他刮目相看，那曝光度和认可度可是相当高！

那么，这位新主管第一次和我们开会时是怎么“暴打”我们的呢？记得和他第一次开会时，一开始还算正常，我们按照原来的流程，把基本的客户信息、要求、服务经过以及所有的文件等都准备好，带到了会议室。可是当我们把这些文字证据提交给大家过目之后，打算和包括法务部主管在内的危机处理小组的成员们一起讨论解决方案时，意外发生了。只见这位主管站起来打断了我：“Peter，我刚才检查了所有的文件，发现少了有客户签字的原始合同和第二次的维修记录，但是按照公司的危机处理流程，客服部门是必须提供这些证据的，否则有可能招致我们的误判。请问：这些证据现在何处？什么时候可以提供给我们？”

你说这人，刚来没两天就这么较真儿！我当时心里想着：不行，我得好好敲打他一下！于是我很不耐烦地对这个新人说道：“哦，按照我们以前和法务部前任主管的实际合作经验来看，这些材料其实并不是 100% 必需的，以前的法务部主管是这么说的……以前的法务部主管是这么做的……以前的……”

“对不起 Peter，我不是以前的法务部主管，因此按照公司的规定以及我个人的法律知识和经验，我觉得如果缺少了这些必要的法律文书，可能会对公司造成不必要的损失，所以我再问一遍：这些证据现在何处？什么时候可以提供给我们？”

5. “暴打”之后

说实话，当时我心里很不开心，一个新人居然敢在公司众多的老同志面前打我的脸，这真让我挺不舒服的。但是他的要求确实有理有据，让我无法反驳。没办法，最后我也只好让步，会后命令我的下属赶快准备补充材料，在法院开庭前交到了危机处理小组的手中，让这个案子最终得以圆满解决。在此我要特别补充一个细节：在最后的法庭审理阶段，那两份我们会后补充的材料确实发挥了重要的作用，如果当时大家都忽略了这个关键的细节，就真的有可能败诉。如果当时是以这种结局收场的话，那么我们每个当事人都要吃不了兜着走！因为这个案件在当时闹得沸沸扬扬的，公司的大老板给我们下了死命令：必须尽快处理，而且不能再进一步发酵了！事后想想真是后怕。

说来也奇怪，这么个爱挑刺又不按常理出牌的人，最后不但没有被大家孤立起来，反而很快得到了同事们的认可和尊重。在这以后我又跟他一起开过好几次会，每一次开会之前我都会特别要求下属们做足准备，因为我知道这家伙非常认真而且专业，如果不好好做作业，那么开会时很可能出现尴尬。但是我这么做的时候倒也不会觉得痛苦，因为我知道这么做对我是有利的：最起码能减少返工的时间，让我在其他同事面前看起来更专业，而最关键的是，能够顺利地帮我解决问题。

所以，所谓的“打”和“拉”是什么，你也应该明白了吧！要想真正地和同事们建立相互尊重的关系，就必须让别人感知到你的个人价值。尊重是建立在对价值的认可之上的，如果你对别人丝毫没有价值，请问光有所谓和谐的关系又有什么意义呢？所以说，“打”其实并不是目的，而是为了让别人充分了解和认识到你的个人价值。只有做到了这一点，同事们才愿意拿出自己的尊重和信任给你。

· · ·

小结

进入新环境，要想快速获取同事的认可与尊重，以下两个秘诀你必须掌握。

第一，让前辈们接受并认可你的价值。永远将建立职场关系的着力点放在创造价值上。别人之所以接受和认可你，是因为你有价值，以及你能够给他们带来价值，所以，与其煞费苦心地讨好对方，不如埋头好好提升自己的个人价值。SWOT 分析法能够帮助你做到这一点。

第二，先“打”后“拉”，与同事建立相互尊重的关系。请牢记那位法务部新任主管的小故事，对每个人轻易地说“yes”，并不是博得别人尊重的好方法。先把他们“打”疼，“打”得怕你，效果可能反而更好。但是你必须记住，“打”并不是目的，能够帮助到别人，给别人带来利益和价值，才是他们最终愿意和你建立相互尊重关系的原因。

第 9 章

跨部门协作痛苦不堪，如何高效推进工作

在跨部门的协作当中，难免会遇到尴尬的情景，比如：你是销售部主管，现在正在积极地筹备即将到来的全公司年度大促，可是当你找到公关部、市场部、财务部、售后服务部去谈广告促销、预算追加、售后服务配合等工作时，有些人不重视你——因为对他们来讲，这些都是“额外的、出力不讨好”的工作，做好了成绩是你们销售部的，可做不好他们又会被大老板“踹屁股”。所以一个个都摆出一副冷淡的面孔，对你爱搭不理的，出工不出力，让你十分火大。

如果在实际工作中遇到这种不配合的队友，我们该怎么办呢？其实也不复杂，你只要牢记以下三点，那么搞定这些队友也就是分分钟的小事了。

（1）关注问题：关注核心诉求，寻找共同利益，达成合作目标。

（2）忽视廉价关系：拒绝做好好先生，让别人认可你的价值。

（3）一视同仁：建立信任的关键。

1. 常用“我们”的思维

我们从第一点开始讲起：抓住核心问题不放，寻找对双方都有好处的共同利益，然后一起努力达成合作目标。

这里面有两个关键词大家必须牢记：核心诉求＋共同利益。生活中有句话听着残酷，却饱含人生哲理，那就是“无利不起早”。我并不否认职场中需要友爱、人文关怀、奉献、无私这类情怀，但同时我相信大家也认同：我们来公司上班，从现实来讲是为了养家糊口、发展个人职业生涯，以及实现职业成就和梦想。既然明白这一点，那么在跨部门的协作中就必须随时问自己：如果我是对方，请问我为什么要积极主动、心甘情愿地配合和支持你？

学会用“我们”的思维，而非“我”的思维，是实现和谐高效的跨部门协作的出发点。关系是很重要，但是支撑职场关系的说到底还是利益，如果你不能给别人带来好处，请问谁愿意浪费时间和精力去陪你玩呢？所以，以后当你被磨洋工的队友折磨得快崩溃时，请静下心来问问自己：在我正在要求大家共同做的这件事里，我的诉求是什么？别人的诉求是什么？我们共同的诉求又是什么？

2. 寻求利益共同点

几年前，我的一位下属负责一个用户体验提升的跨部门项目，那个项目是当年整个公司最重要的战略性项目之一，对我的组织以及我个人的业绩表现都非常重要，因此我给这位项目经理下达了只许成功不许失败的死命令。这个同事做事非常认真，也很重视这项重要的工作，可是项目推进了快两个月，效果并不明显。于是有一天我把他叫来询问原因，结果才知道问题出在财务部。因为要想提升用户满意度，我们就必须调整一些售后服务政策，比如放宽无理由退换货的时间窗口，为不满意的客户发放优惠券，等等。这样一来，项目的考核指标当然会变好，可是投入会增加，因此年底公司的财务表现会变糟——而这却是财务部当年最重要的部门考核项目。

所以矛盾就来了：要想让项目成功，财务部的业绩会受到影响；要想保证财务部达标，那么整个项目就很难推进，这个小伙伴就会完不成任务，我本人的业绩也会受到影响。

于是整个项目陷入了死胡同，也令这位项目经理非常郁闷。其实他本人也做了许多努力，比如反复与财务部开会、沟通解释，借助其他的资源和财务部主管拉近关系，可是效果并不明显：对方的态度确实不错，也理解这是个好项目，愿意支持，但是一旦涉及核心问题——钱，那就又“从终点回到了起点”，因为公司的预算一共就那么多，给了你就会损害别的部门的利益，就会让财务部受别的部门的指责；而最要命的是，能不能最终完成自己的 KPI，这才是财务部主管当年最关心的问题，因为这可是关系到他的职业生涯啊！所以在重大抉择面前，大家还是会优先考虑自身的利益。

听了他带着哭腔的倾诉，我真是觉得又好气又好笑——真是个傻孩子啊。看来是到了我这个老同志出马的时候了。于是我赶忙给他擦去了心酸的眼泪，然后给他开出了以下锦囊妙计。

首先，别再抱怨人家财务部不配合了，因为是你“不对”在先——你从头到尾都是站在“我”的角度而不是“我们”的角度来思考问题，请问人家财务部凭什么要为了满足你的利益而去牺牲自己的利益呢？你在考虑你的诉求时，为什么不能想想财务部的同事需要什么呢？

其次，把关注点和发力点都放在问题本身，努力寻找双方的共同利益，然后找办法去实现它，这样别人才愿意配合你、支持你，而不是把自己和跨部门的合作伙伴对立起来。

在我的一番点拨之下，项目经理也逐渐冷静了下来，开始按照我教的方法自己琢磨了起来："嗯！老板你说的也对，其实财务部的领导也不是不想配合我，只是公司的预算实在是太紧张了，而且给各部门的分配方案年初就定下来了，他们也很为难。要是大老板能多给些预算就好了……"

一听到这，我马上再次插话："对啊！那你仔细想想，有什么方法能够把你和财务部绑到一起，把你的问题也变成他们的问题，让你这个项目的成功不只是你的功劳，也能给他们带来好处和利益呢？"

经我这么一提醒，他瞬间就"脑洞大开"，激动地拉着我的手说："对对对，老板您真是厉害，我太佩服了！我马上再去和财务部的同事们沟通，看看怎么样联合起来，一起去向大老板多申请些预算。这样既解决了我的问题，又帮助了财务部，两全其美！"

3. 解决"我们"的问题

所以你看，只要稍微改变一下思路，一些原本看似无解的问题，不就立刻搞定了吗？既然这是整个公司的战略性项目，那么集团的大老板肯定非常重视，因为这也是他的诉求和核心目标啊！所以他没理由不支持这个项目。至于财务部，如果能在不影响本部门业绩的前提下，他们也能在这个连大老板都十分关注的项目中出些力、露露脸，那何乐而不为呢？

所以经过一番精心的努力和运作，这件棘手的事情最终是这么得以解决的：我亲自出马帮助那个项目经理重新审核了项目所需的额外投入，然后会同相关部门进行了可行性分析和协调，最后带着预算方案邀请财务部的领导一起和大老板开了一个会。经过有理有据的分析和建议，最后由大老板拍板决定将年初制定的预算分配方案做了调整：一方面追加了一些额外的投入，另一方面又从其他并不太重要和紧急的项目上挪出来一些费用，最终圆满地解决了“我们”的问题。

所以你看，所谓的跨部门协作无法推进，所谓的别人不配合，其实并不是队友的问题，而是你自己在犯迷糊。千万要记住：关注问题本身，用共同的利益来引导他人的配合，那么事情的解决就容易多了。

4. 改变廉价关系

其实这个有趣的小故事，还能引申出第二点：忽视廉价关系，拒绝做好好先生，让别人认可你的价值。回想一下那个项目经理，为什么在找我之前他始终得不到别人的配合与支持？其实他不是不知道职场关系的重要性，他也通过一切可能的方法，尝试着去利用关系影响财务部接受他的想法，但遗憾的是效果并不好，为什么呢？原因就在于他没有参透职场关系的本质。

所谓的关系其实只是表象，其内在的核心和基石是价值与利益。因此，在职场中要想和他人建立起真正牢固、高效、有意义的关系，靠的绝对不是表面的一团和气，而是在别人的眼里，你的个人价值有多重要。因此你一定要清清楚楚地明白这样一个道理：千万不要为了关系去建立关系，而要在共同的利益和价值上建立关系。以我为例，我非常爱踢球，也有一帮玩得很好的球友，平时大家经常聚会，吃吃喝喝，关系真的很好。但就是这么一帮看似亲兄弟的朋友，却经常在比赛时做一件让我非常伤心的事，那就是挑队友分组比赛。

每次比赛之前都需要先将大伙分成两组，我们要先选出两个队长，然后这两个队长再通过“石头剪刀布”逐一挑出自己想要的队员，这时让我郁闷甚至难堪的情景就发生了：球技好的人通常在一开始就被点名挑走，然后才轮到技术稍差一点的人，最后剩下的则是谁也不想要的“垃圾股”，比如像我这种年纪大、体力差，一跑起来就连呼哧带喘，稍微一碰就满地打滚的老同志。哎，提起来都是泪……

为什么平时关系那么好的兄弟一到了比赛现场就变得这么“无情”呢？原因很简单——我对于比赛的结果没有价值！球场如此，职场也一样。跨部门协作不是看谁和谁的关系好，而是看谁对谁更有价值。人人都说你好，人人都对你点头，这并不意味着别人愿意为你做事——如果你不能给别人创造价值或带来利益的话。因为没有价值和利益的关系，都是廉价的，都是不可能长久和牢固的。

5. 建立信任关系

除了关注问题、认可价值之外，还要努力做到一视同仁。这是建立跨部门间协调、信任关系的第三个关键点。

在需要多部门合作才能完成的工作中，要始终做到一碗水端平，这是获得协作方尊重与配合的核心要素。我之前也说过，职场是讲价值和利益最大化的地方，每个参与者之所以愿意信任你、为你做事，其实说到底并不是为了你，而是为了实现他们自己的诉求。因此，如何保证每个部门的利益得以公平公正地实现，就成了这些协作部门的同事非常在意和敏感的问题。此时作为跨部门项目的发起人和管理者，你就必须在众人之间做好平衡，绝不能让大伙对你的诚信产生疑问，否则人人都只关心本部门的利益，见好处就上，没利益就相互推诿，这样一来，协作就成了一句空话。

小结

跨部门协作不再痛苦不堪，始终高效协同推进，需关注以下三个要素。

关注问题：关注核心诉求，寻找共同利益，达成合作目标。不要为了关系谈关系，而要始终关注和协作者的共同利益，只有当“我”的目标变成“我们”的共同目标时，别人才会心甘情愿地为你卖力——或者说为“我们”卖力。

忽视廉价关系：拒绝做好好先生，让别人认可你的价值。职场关系的核心不是拉帮结派，也不是讨别人欢心，而是要让别人认可和尊重你的个人价值。一切表面的和谐其实都是廉价的关系，一上“球场”就会原形毕露。

一视同仁：这是建立信任的关键。处理好各部门之间的平衡，做到公平公正，才能真正获得他人的信任。

第 10 章

看清你在下属心目中的真正分量

处理好与平级的关系之后，我们就要换一个视角，来看看怎么搞定我们的下属。

要想管理好本部门的小伙伴，首先要搞清楚一点：我在下属心目中到底有没有分量？或者换句话说，我在这些同事眼里到底是个什么样的人，以及如何能提升这种分量？要想搞清楚这一点，以下三个要素缺一不可：

（1）你眼中的你和下属眼中的你；

（2）自我认知的方法与工具；

（3）提升自己在下属心目中的分量。

1. 你眼中的你和下属眼中的你

你眼中的你和下属眼中的你是不是同一个人？

据我的观察，很多老板在自我认知这一点上都会犯“精分”的毛病。其实“精分”并不可怕，可怕的是自己不知道自己有“精分”症状。因为当这种自我认知上的偏差大到一定程度时，就会对管理团队产生极大的负面影响。

有一年，我在厦门大学 MBA 中心开设了“职业经理人的原则与方法”这门课。经过一个学期和同学们的亲密接触，我自信自己独特的人格魅力以及爆棚的高颜值，已经征服了全班的小伙伴们，或者最起码也给他们留下了深刻的、积极正面的印象。可是这一切美好幻想，却在课程快要结束时被小伙伴们给终结了。

当我讲到“领导力法则”这个模块时，需要同学们在课堂上做个练习，叫“给自己照个镜子”。我要求每个人首先从自我认知的角度，想出三句最能代表自己特质的话，写在表格的第一行，再在教室里找到三个你觉得最了解自己的同学，请他们也为你写三句话——当然是以他们的视角来描述你。

给自己照个镜子

角度＼问题	什么是最能描述这个家伙特质的三句话？（1）	什么是最能描述这个家伙特质的三句话？（2）	什么是最能描述这个家伙特质的三句话？（3）
自我描述			
路人甲			
路人乙			
路人丙			

这个练习的结果一出来，瞬间就引燃了全场，大家个个笑得前仰后合——因为几乎每个人在自我认知这一点上都存在着程度不一的“精分”病症。为了加深小伙伴们对这个知识点的理解，同时也是为了增加一点喜剧效果，我灵机一动，临时起意要求他们以我为样本再玩一轮，也就是让全班 30 多个同学一起为我画像，然后把他们对我的认知与我对自己的认知都写在黑板上，现场来做个对比。结果让我大吃一惊。

我觉得最能代表自己的是：humble（谦逊）,easy going（平易近人）,follow heart（内心敢作敢当）。可是这帮学生都是怎么说我的呢？“洒脱”“老”，居然还有个眼光毒辣的学生一眼就看出来我是个“值得托付终身”的人，当时真是吓得我出了一身冷汗。

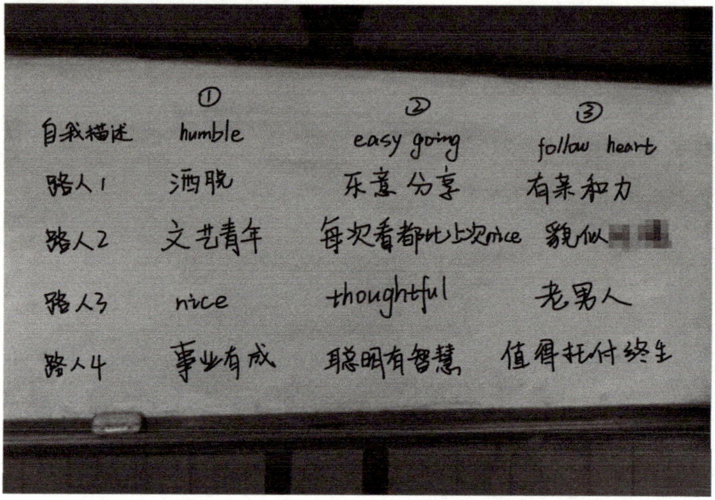

2. 清晰认知，方能达意

做老师如此，在职场也是一样。对自己有个清晰的自我认知，是我们在职场中与他人建立关系时必须考虑的一个前提条件，这一点对于一个管理者来讲尤其重要。因为如果你不知道自己在下属眼里是个什么样的领导，如果不知道自己说的话、做的动作、发出的表情有没有被下属完整而准确地接收到，那么要想让下属听你的话，心甘情愿地为你做事，就只能是一句空谈。因为当双方认知不一时，很多沟通就成了鸡同鸭讲，不但没有效果，反而可能起到反作用。

记得有一回我去企业给一位高管进行一对一的领导力提升辅导，根据流程的要求，我需要观摩几场由他领导或者主持的会议。那天碰巧他的部门有一个项目启动大会，作为部门最高领导，他需要出席并进行动员性发言。当他在台上慷慨激昂地演讲时，我一直留心观察台下听众们的反应，从他们丰富的面部表情上我发现了很多问题。于是等他做完报告下台离场后，我首先采访了这位领导：

"请问王总，你能否清晰地告诉我：你这次演讲的主题是什么？想达到的目的是什么？根据你自己的感受，你的这些目的都达到了吗？或者换句话说，你确定团队里的小伙伴们都已经明确了你的想法，而且立刻就会行动起来吗？"

"那是必须的！"这位领导毫不犹豫地回答道，"我刚才说的话、做的表情，以及斩钉截铁的动作，都已经清清楚楚地告诉他们了！这帮家伙不敢偷懒的，他们懂我的！"

看着他的表情，我不禁哑然失笑，因为根据我刚才对台下听众的观察，我觉得事实绝非如此。果然，当我稍后在公司食堂吃午饭时，经私下里与几位刚刚参加会议的小伙伴进行了一番"坦诚"的交谈后，我最终发现这位领导的自信确实是相当盲目的。

我："听了刚才大老板的发言，请问你们知道接下来该干什么了吗？"

小伙伴甲（茫然）：“不知道啊。”

小伙伴乙：“你知道老板想干嘛吗？”

小伙伴丙：“我也不知道啊。我觉得他可能只是随便说说吧！”

小伙伴丁：“但我觉得可能是来真的吧？”

小伙伴甲再次发言：“如果做不到，应该不会像他讲的那么严重吧？老板根本都不听我们的意见，其实这件事非常难搞的。那你们说咱们现在应该怎么办呢？”

小伙伴乙再次说道：“不然这样吧，咱们先应承一下，看看再说吧，否则做了一堆无用功，还不是累我们自己。”

“好好好，就这样干吧！”

所以你看到了吗？对自己没有一个清晰的认知，会捅出多么大的娄子啊！这一点对刚刚走上管理岗位的人来说尤其重要！

3. 准确认识自我

既然我们已经认识到搞清楚自己在下属眼里是个什么样的人以及有多少分量是如此重要，那么怎样才能做到客观清晰地认识自己，以及认清自我之后该如何做才能提升自己在下属心目中的分量呢？

要想做到准确地认识自我，那就必须学会使用一张表："自我认知工作表"。再加上一种方法："行为模型四分法"。首先来介绍一下什么是"自我认知工作表"。

自我认知工作表					
姓名		工作岗位		工作年限	
你的人生故事是从何时开始的？					
到目前为止，对你影响最大的人或事是什么？					
是什么东西一路引领着你变成了今天的自己？					
什么是你领导力"阳光的"一面，比如说影响和激励别人的能力等					
什么是你领导力的"黑暗的"一面，比如说给别人和自己带来挫折感、让大家失望等					
20年以后，你希望别人如何评价你？					

这张表给我们提供了一种有建设意义的自我认知思维方法，它可以帮助你在思考自己给下属留下什么印象之前，先从内在的因素考虑，因为只有想清楚了内在的驱动力，你才能明白为什么你会给别人留下那些外在的东西，比如形象、举止、说话的方式等。

表格中的第 3 ~ 5 点是这个表格的关键所在，因为这些核心因素将会极大地左右你在下属心目中的分量。接下来就让我重点解释一下它们的含义。

第三条：“是什么东西一路引领着你变成了今天的自己？”

每个人做事都不是盲目的，或者不总是盲目的，我们一定是带着某种目标和目的在一路前行，让自己从一个懵懂无知的少年变成了现在的自己。那么请审慎地问问自己：对于我来讲，这个目标是什么？这种驱动力是什么？

（1）是对金钱、名誉、社会地位的渴望？

（2）是对成功的追求？

（3）想要获得他人的尊重和认可？

（4）虚荣心在作祟？

（5）实现自我？

（6）满足自己的好奇心？

还是为了崇高的理想，或者为了帮助他人、造福人类？

只有当你准确无误地找到了这种内心的驱动因素，才能在下一个练习中发现自己行为习惯的内因，从而心甘情愿地从内心深处进行改变，这样的效果才能持久和有意义。

至于第四条和第五条，是提醒你进行自我反省，找到自己目前在领导力行为表现方面的优劣势，然后通过完成表格后与他人交叉确认，做到先“自知”，然后发现与“他知”

之间的距离，并带着不解进入下一个环节。如果在这里我们不做足“前戏”，那么稍后“高潮”的到来就会显得非常突兀。

4. 行为模型定位

在了解和思考了内在的因素之后，我们再带着这些内容进入下一个工具的学习，那就是“行为模型四分法”。当我们每个人在和他人接触的时候，都会给别人留下一个独特的印象，这种印象是别人通过对你的行为的观察得出的。这里的行为，简单来说，可以归纳成“说”和“情绪控制”这两个维度。我们先来聊聊横向坐标的“说”。

表达方式

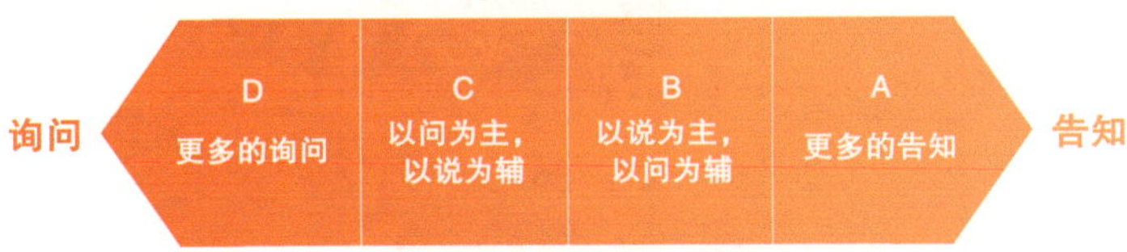

根据每个人在“说”也就是表达方式上的不同，我们可以把人的行为分成“告知”和“询问”两种。仔细回想一下，你身边的人有些是不是更多地在用“通知式的沟通方法”？比如他们通常会这么说：“这件事我看就这样吧！”“这个问题就这样决定了！”“你就按我说的去做吧。”还有一类人和他们正好相反，他们不太愿意用通知的语气，而更愿意用商量和询问的语调，比如："这件事大伙儿怎么看啊？""那么咱们这样做好吗？""不然就先按我说的试试看。"

我们再看竖向坐标的"情绪控制"。有些人是那种非常懂得自控的，也就是我们开玩笑的时候常讲的"冷淡"型的，平时在单位中不苟言笑，无论发生什么事都把自己包裹得严严实实，给人一副深不可测的样子。但有一类人正好和他们相反：情绪非常外露，一言不合就立刻表现出来，让别人对他们既爱又恨。

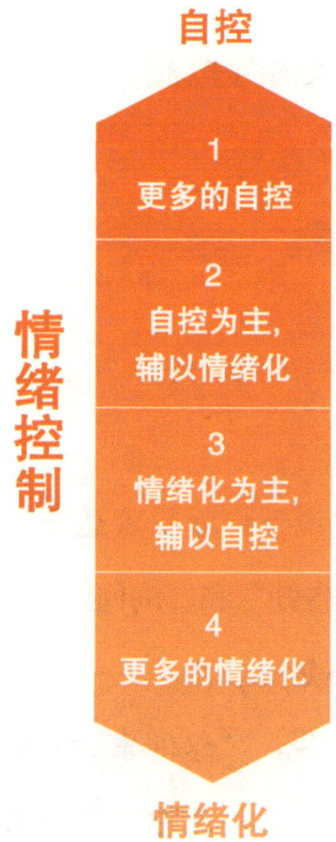

如果我们把这两种维度合在一起考虑，就能清晰地对每个人的行为模型进行科学的归纳和分类。对照着眼前的这个“行为模型四分法”，就可以仔细问问自己：在公司尤其是那些下属的眼里，我到底属于哪种类型？是分析型、操纵型、友善型还是表现型？

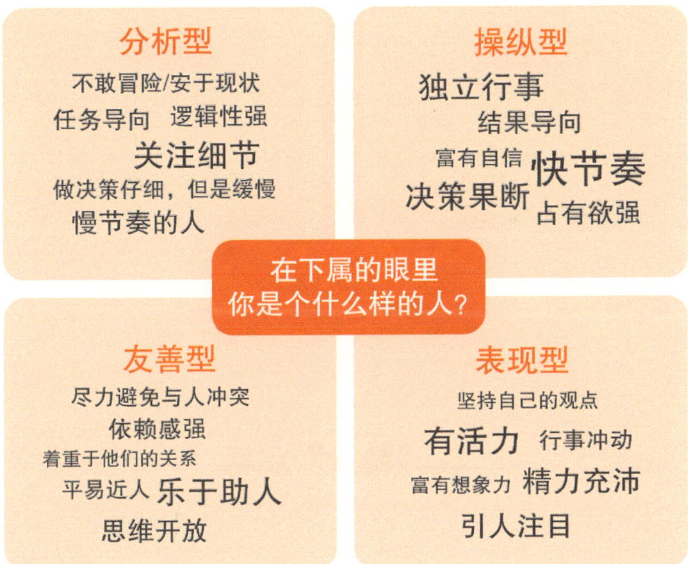

5. “精分”现场

我们假设这样一种场景：公司近期要推出一款新产品，作为项目负责人，经过前期的调研和分析，设计人员给你提供了 A、B 两种设计方案，你需要去和这些下属沟通，然后确定下一步的行动方案，这时不同行为类型的老板会如何表现呢？

分析型：（慢慢悠悠，语速很慢，语气不坚定）嗯……你们这个分析和建议还是不错的，但是是不是数据少了些？现在就做决定会不会太仓促了？不然咱们再多分析一下好吗？大家都谈谈，我们多发挥发挥民主的作风。小李你怎么看啊？小张你也说说……

操纵型：（坚定果敢，语速不快但是声调高，一板一眼的）A 方案我觉得有很大的问题！你们根本就没有听进去我的建议吗？！照这种方案执行下去是会出大问题的！至于 B 方案也不太好！你不用给我解释了，我都明白！好了，就这样吧，重新按我的建议再做一版。

友善型：（面带微笑，语气和蔼，说话时一直看着对方的脸，语速快）哎呀，真的相当不错！这么短的时间就做出了这么好的分析，真是辛苦你们了，恭喜恭喜！哦，下一步怎么做啊？嗯，我想想啊……A 方案有许多很好的点可以借鉴，但是 B 方案也不差，其实两个都挺好的，这下真是让我为难啊！都怪你们，怎么把两种方案都做得这么好呢？不然拿到市场部（销售部、财务部、法务部），让大伙儿都给提提意见吧，你们说这样好吗？

表现型：（语速快，坚定，但是冲动，声音洪亮，肢体动作明显）我一看 A 方案就不错！根本都不用再看 B 方案了！我早就说过 A 方案一定会更好。你看你们现在的分析不是也证明了这一点吗？什么？ B 方案会更省钱？啊，不会吧？那让我看看……哦，好像也对啊，那就改吧，上B方案！什么？B方案虽然更省钱，但是周期会加长？怎么不早说啊？那这样可不行啊！上市时间可不能改，那就继续A方案吧！其他部门有意见？不管他们了，先上马再说！等出了问题让他们来找我！

6. 对症下药

看完了四种行为模型，你可能已经开始默默地在心里反思了：嗯，原来我平时在下属面前的行为和表现是这个样子！这样的老板别说我的下属了，就是我自己都瞧不上啊。哎，那你说我还有救吗？有没有什么好方法能够让我的行为更靠谱一点，最终让我在下属面前更有领导范儿，在他们心里更有分量呢？

方法当然有！让我们再回到刚才那个"行为模型四分法"。其实每个人的"说"和"情绪控制"，都是受内在因素支配的，这就是为什么在分析行为模型之前，我要让你先做那个"自我认知工作表"，因为我们首先要搞清楚，不同的行为模型其实是和每个人的内在需求相关联的。

分析型：这类人最害怕犯错，因此他们会不停地问来问去，研究来研究去，就是为了证明自己的想法是正确的。但是如果一个上级总是议而不决，犹犹豫豫，不敢帮下属做艰难的决定，那么时间长了，你的下属会不把你当回事的，因为问你也没用，问了你也做不了主！正确的方法是多发表意见，勇于做决定。其实下属并不会太渴求你做的每个决定都必须 100% 正确，领导者的态度和决心往往比正确更重要！所以胆子大一点，该出手时就出手！这是我给这一类领导者的忠告。

操纵型：只讲结果，不在乎过程，结果是此类领导者最关心的。但是你要明白，下属不一定都和你有一样的高度、一样的格局和高效的方法，真正的成功不应该是你一个人在战斗，而是培养和帮助所有的下属都能像你一样考虑问题和解决问题。所以学会倾听是我给这些操纵型老板的一点忠告。适当地放慢脚步，让你的下属跟得上你的灵魂。

友善型：不想、不愿、不敢得罪人，这是友善型领导者的通病。安全第一，和稀泥，就算自己对下属的表现已经忍无可忍了，但当着他们的面还是会摆出一副善解人意、体恤他情的面孔来，可是事后又恨得咬牙切齿的！其实做个领导并不需要人人都说你好，因为那种好好先生通常会被下属看轻——因为不需要怕你，做坏了你也不能把他怎么样，那请问为啥要学好呢？所以这类领导者今后的改进行动是积极主动，勇于表现自我，不要当老好人。

表现型："我是对的！"这类老板总以为自己就是世界

的中心，因此不愿意放过任何表现自我的机会，而且他们通常又都有很强的表达能力，随时都是亢奋的模样。我倒不是说领导者不应该充满激情，但是职场毕竟不是演电影，除了激情，我们更要讲究些理性、客观和逻辑思维，不然你每天都是这么活泼跳跃的，下属们可能真的会觉得你有些“精分”。所以我给这类老板开的药方是学会确认，多问几个为什么。

小结

我们可以用以下三招看清你在下属心目中的真正分量。

第一招，你眼中的你和下属眼中的你有可能不是同一个人。多去和下属们聊聊天，收集他们对你的反馈，及时准确地调整自我认知。

第二招，学会利用“自我认知工作表”和“行为模型四分法”来找准自己的定位，并深刻地认识自己所属类型的优劣。

第三招，结合前文所给出的针对每种类型老板的建议进行改进，提升自己在下属心目中的分量。

第 11 章

掌握领导力五维模型，让下属自愿追随

做好了自我认知，接下来就要和团队中的同事们亲密接触了。我做过老板，也当过下属，那么从老板和下属这两种不同的身份来看，最受下属们尊敬、能让下属们心甘情愿地追随的领导都是什么样子的呢？

要回答好这个问题，从以下三个方面考虑是最佳的思路：

（1）领导者对团队的价值和意义；

（2）最受欢迎的领导者模型；

（3）如何让你的下属毫无保留地追随你。

1. 领导者的意义

作为一个领导者，我们对于团队的价值和意义到底是什么？或者换句话说，从下属们的角度来看，卓越的领导者能给他们带来什么？

当初刚刚当上小领导的时候，我对“领导者”的定义确实感到非常困惑，实在搞不懂领导到底是干什么的。比如说：

（1）拿着指挥棒挥来挥去的乐队指挥，或者星光闪耀的晚会主持人，这种指挥别人的工作算不算领导？

（2）老板的小秘书，每天把老板的行程安排得满满的，她不点头谁也见不到老板，这种协调的工作叫不叫领导？

（3）餐厅督导，这些人的权力可是不小，每个餐厅员工都怕他们，这种监督的工作是不是领导？

（4）手里捏着钱的财务经理，所有的报销、费用审核都要他们点头才行，这种常规的管理叫不叫领导？

经过 20 多年的磨炼，我现在才终于搞懂了领导者的定义。其实一个卓越的领导者，只要理解这两句话的差别就行了：Do right thing （做对的事情）和 Do thing right （把事情做对）。

你别看只是把两个单词的位置进行了调换，其实这两句话所反映出的意义是完全不同的：前者就像是指南针，后者更像是时钟。

（1）指南针：给团队指引方向，告诉大伙儿什么才是最重要、最有价值的目标，始终让整个团队的注意力、时间、预算和物料都能集中在这件“正确的”事情上，然后带领大伙儿去达成最有价值的业绩。

（2）而时钟的作用，是要随时提醒大家更快更好地完成工作，至于这个工作是不是最重要的、最正确的、最有价值的，时钟并不知道，它只会闭着眼睛不停地催你，直到工作完成。

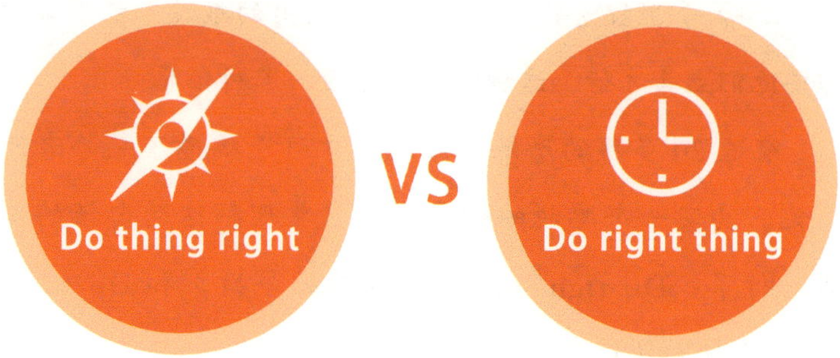

2. 卓越的领导力

一个对团队真正有价值的领导者，不是那些每天给下属找问题、发号施令的人，这种人最多可以被称为“管理者”；而卓越的领导者最需要做的是帮团队找到正确的目标和最有价值、最需要完成的工作，然后带领大家把它做对做好，做出成绩，让大家都能从中受益。

光明白道理还不行，还要知道怎么做。所以接下来我们看看卓越的领导者都是什么样子的，即最受欢迎的领导力模型。

根据我的职场观察，最受小伙伴们欢迎的领导通常都具有以下五种行为模型：以身作则、共启愿景、挑战现状、使众人行和激励人心。

（1）以身作则

还记不记得在上一章，我们曾经做过一个“自我认知工作表”，表格中有一项叫作“到目前为止，对你影响最大的人或事是什么”？记得十几年前，当我第一次填写这个栏目时，我几乎毫不犹豫地写下了我父亲的名字，写完后被叫起来和学员分享。当我提到父亲的名字时，培训师就问我：“那么 Peter，你能不能和我们仔细聊一下，当初你的父亲是怎么教育你的？比如说你们都怎么谈人生、理想、价值观之类的？”

这个问题一出，我就僵了足足有 2 分钟，脑海里像过电影一样把过去几十年来和父亲相处的画面一一捋了一遍，可就是找不到这种温馨的、父慈子孝的“教育画面”：爸爸点着根蜡烛，拿着本厚厚的书，蹭着我的小脑袋，语重心长地说，孩子，人的一生应该要这样度过……至于“岳母刺字”“孟母三迁”，那就更别提了。可为什么一件如此有意义的教诲都没做过，我还要在内心深处把老爹当作对我影响最深的人呢？就是因为他“以身作则”，身教而非言传。比如我性格中最大的一个特点是“藐视权威，特立独行”，这种性格的养成其实最早就是来源于我父亲启发我做数学作业。记得那是小学一二年级的事，有一天，我又快又好地按照老师教的方法写完了作业，拿去请父亲检查，结果答案全对！就在我等着爸爸的表扬和小零食时，这个老头子突然一本正经地对我说：“儿子，你的结果都算对了，很好！但是你有没有想过，除了老师教给你的方法，还有没有其他的办法可以解出这道题？”

难道这个世界上还有比老师更聪明的人吗？难道除了老师教的方法之外，还有别的答案？这个问题对只有七八岁的我来讲实在是太颠覆三观了。在爸爸的要求和鼓励下，我只好将信将疑地思考起来，最后，真让我找到了所谓的“其他”方法，不但答案一致，而且更简单。

这件小事已经过去40多年了，可我至今记忆犹新，因为这是我第一次知道：人生原来不只有一个答案！其实当时我并没太把这段经历当回事，可是很多年过去了我才明白：真正能对人产生本质性影响的，就是这些貌似平凡却能滴水穿石的“小”事。套用到职场，作为一个卓越的领导者，真正能让下属佩服你、尊敬你、愿意死心塌地地追随你的，其实并不在于你讲了什么大道理，而是在于你做了些什么。因此，少说“给我上！”多说“跟我上！”少说“大伙儿要以企业为家，要对组织和领导贡献忠诚！”多说“有什么困难大伙儿一定要提啊！出事了别怕，我在后面托着你！”只有处处以身作则，下属才会发自内心地相信：跟着你做事值得！

（2）共启愿景

“共启愿景”有两层含义：第一是愿景，也就是说，你要给团队设定一个远大的目标、远景和理想；第二是共启，也就是说，光你自己知道还不行，要让所有的人都知道、都相信，都愿意跟着你一起为了这个目标去奋斗！如果你足够细心的话就会发现，那些卓越的领导者都是讲故事的高手：他们懂得利用“虚构的故事”，把大家凝聚在一起，让个性迥异的一盘散沙变成无坚不摧的利器——这绝对是一门高深的学问！为什么我要把这些理想、目标和远景叫作“虚构的故事”呢？为什么我们要给自己的团队发现和创造出这么一个东西呢？其实这个原因，还要追溯到人类的起源。

《人类简史》这本书中就专门提到“虚构故事”对人类社会的重要性：当我们还是原始人时，社会的组织规模都很小——因为没有文字和语言，人多了无法聊天和沟通，也传递不了消息，所以那时候群体的规模很难超过 500 人。慢慢地，人类发明了语言，也有了简单的文字，人与人之间的沟通也从“今天去河边捞鱼，明天去山上摘果子”发展到开始谈论除了吃饭、睡觉、生孩子之外的事情，这时候领导者就披着“虚构的故事”这件外衣出现了，比如，有个人就站出来召集了一帮兄弟，告诉他们：“小伙伴们，你们知道吗？我们的身上都有一个共性的东西，叫作 ×× 民族，河对岸的人和我们不是一家的，所以我们现在要去打败他们，然后建立起一个伟大的 ×× 国家。弟兄们，跟我一起为了伟大的理想冲啊！”

其实严格来讲，人类社会中所有形而上学的东西都是“虚构”的。社会如此，企业组织也一样。比如企业文化、组织行为法则、团队精神等，都是“虚构”的。作为一个卓越的领导者，你不能只是一个监工或者执行者，你应该让自己成为下属可以信赖和托付的偶像，你要想方设法为他们寻找和创造出一个值得献身的理由——这可以是一个颠覆世界的科技产品（比如乔布斯的苹果手机），也可以是一个伟大的商业梦想（比如马云的“让世界没有难做的生意”），或者是一个启迪灵魂的信念（比如 Google 的“绝不作恶”的企业信条）。

（3）挑战现状

领导力五维模型的第三条叫作“挑战现状”。还记得前面提到过的“管理者”和“领导者”最大的差别是什么吗？那就是“把事情做对”和“做对的事情”的差别。如果你只是低着头一心只想把手头的工作做对做好，那么你永远都成不了下属愿意追随的卓越领导，因为你无法为团队发现和指引正确的方向。因此时间久了，小伙伴们会产生一种“跟着你混没有前途”的挫败感。此外，从心理学的角度来看，一个人如果长期从事同一份工作，那么他的效率和意愿一定是会下降的，因此，给下属更多尝试新鲜事物的机会，多鼓励和宽容他们挑战现状，整个团队才能始终保持爆棚的战斗力！

（4）使众人行

“使众人行”是说领导者要懂得发现和培养有潜质的人才，同时在工作中要做到充分的授权，因为你的作用不是独立完成目标，也不是为了证明你是整个团队中最优秀的人。一个卓越的领导者应该有足够的胸怀去宽容不同性格、不同工作风格的下属，努力为下属的成功创造机会、保驾护航，这样做才能招揽和留住真正有能力的人，让他们死心塌地为你服务，从而最终达成团队目标。其实真正睿智的领导都很聪明，他们知道如果团队中的每个人都能超水平发挥，那么最终受益的是老板自己。

（5）激励人心

“激励人心”是领导力五维模型中的最后一条，这是非常关键但也是极少有人能始终做到的一条。一个人之所以能出成绩，核心的因素有三点：知识、能力和意愿。如果你只告诉下属什么是目标（也就是知识），然后进行了授权和赋能（使之具备了能力），却没有激励他们为之奋斗（也就是意愿），那么最终团队是不可能成功的。我曾经听过这样一个小故事：战时，某国的一艘潜艇在海上遭到多艘军舰的追杀，潜艇多处受损，陷入了生死危机，这时艇长必须做出一个艰难的决定：是冒着被海水的压力挤垮船身的危险继续下潜以躲过敌军的追杀，还是坐以待毙、陷入临死前的慌乱之中无法自拔？在这个危急的关头，艇长挺身而出，以无比镇定的神情下达了命令：继续下潜！这时轮机长惊恐地问道："艇长，我们现在已经临近下潜的极限深度了，如果再往下，船会不会出事啊？"艇长斩钉截铁地说："不会！因为我听说过之前的成功先例，所以这艘潜艇完全没有问题！全体注意，听我的命令，立刻下潜！"

就这样，他们冒着极大的生命危险，最终侥幸躲过了追杀。回国后，他们被当作英雄，受到了热烈欢迎，无数媒体也争相采访艇员，大伙儿都众口一词地赞美那个艇长当时的表现：果敢坚定，临危不乱。其中有个记者注意到了一个细节，那就是艇长曾经无比肯定地告诉大家：这艘船绝对扛得住更深的水压——因为有成功的先例。于是记者就去找艇长核实，一问才知道，根本没有这种所谓的先例。

在当时危急的情况下，作为能够决定50多人生死的艇长，他绝不能有任何的犹豫。而更加重要的是，他必须表现出绝对的自信和坚定，并且要始终用这种镇定的情绪去激励和影响大伙儿，因为这时候能决定生死的不是技术也不是能力，而是领导者能不能给大家带来希望，能不能激发出每个人求生的本能，合力与命运搏一把。

3. 要争天下，必先争人

当我们知道了“领导者对于团队的价值和意义”，以及卓越的领导者都是什么样子之后，我们还需要知道第三点：如何让你的下属毫无保留地追随你。

要想成为一个被下属自愿追随的领导者，就必须首先博得下属对你的信任，而这种信任来自以下这些优秀的行为。

（1）为他人传播美名，勇于担当

美国的一位非常有成就、被业界公认为最受队员尊敬的橄榄球教练曾经说过这样一段话：当事情搞砸时，我会说“是我做的”；当事情有功有过时，我会说“是我们大家做的”；当事情取得了完美的结果时，我会说“是你们做的”！这就是我赢得比赛胜利的全部秘诀！所以你看，做一个有担当的老板，别人才会全身心为你效力；否则有好事就是你的，搞砸了就让下属承担责任，那么下属也不是傻瓜，他们只要被你伤过一次心，就会从此对你敬而远之了。

（2）你授权的只是工作和任务，而不是责任

懂得放权是好事，因为这样可以更多更快地锻炼下属，促进他们成长。但这个时候你必须要注意一点：绝对不能推卸责任。记得有一次我参加一场关于项目进度汇报的周例会，当我发现改进行动中有一项没有按时完成时，非常不满地问项目经理是怎么回事。结果他立刻就把自己的责任推得一干二净，他是这么说的："对不起老板，这个问题真的和我无关！因为这个行动我已经指派给我的一个下属 ××× 了，按道理他应该很清楚要做什么以及何时做到，没想到他做事这么不靠谱，等会儿我一定好好批评他！真是太不像话了！"

这就是一种极其损害下属信任的恶劣行为。每一个领导者都必须牢牢记住：你可以指派任务、授权工作，但是责任绝不可以推卸！也就是说，只要是你团队的事，那么无论这件事具体是由谁操办的，也无论最终做好还是做坏，你都要为结果负责。这就要求你在分配工作之后，必须时时追踪并给予下属指导，承担起一个领导者应该负的职责！有成绩就上，出事了就躲，这种行为是会被下属极其看不起的。

小结

要想让下属心甘情愿地追随你，以下三个要素请牢记在心。

第一，搞清楚领导者对团队的价值和意义。请做一个指南针而不是只会提醒时间的闹钟。别忘了那两句话的差别：“把事情做对”和“做对的事情”。

第二，掌握领导力五维模型，成为最受下属欢迎的领导者。说“跟我上”而不是“给我上”；学会讲故事；挑战现状不要怕犯错；给下属赋能，帮助他们成长；最后，懂得激励团队的重要性。

第三，要想让你的下属毫无保留地追随你，那就绝不能推卸责任，要做个有担当的领导。

第 12 章

下属眼中最不靠谱的四种领导，你在不在其中

前文中我们谈到，要掌握领导力五维模型，让下属自愿追随你。之前我们强调的都是领导者的正面形象，但其实在现实的职场中，我们也经常看到一些极其不靠谱的领导者形象，那么这其中最具典型性的都是哪些人？万一你也不幸名列其中，有什么好方法能让自己从“不靠谱”转化成“很靠谱”？这就是本章我们关注的两个内容：

（1）下属眼中四种不靠谱的领导者；

（2）如何让自己从“不靠谱”变成“靠谱”。

1. 最不靠谱领导大起底

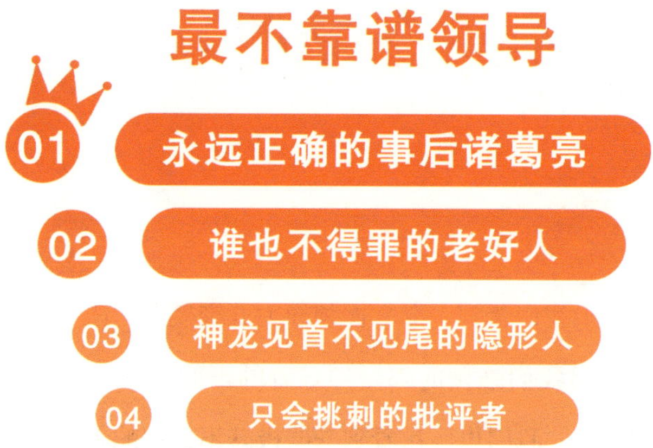

下面按不靠谱领导榜单的顺序依次介绍。

（1）永远正确的事后诸葛亮

“不靠谱领导”排行榜的冠军，就是“永远正确的事后诸葛亮”。事情发生之前，如果你去找这类领导征求意见，他总是既不说同意，也不说不同意，只是给你一大堆听起来没有任何用处的建议，然后让你自己去理解。当你按照自己的理解去做决定，然后出了结果，如果成功了，那他一定会当仁不让地咧着嘴说：你看你看，我当初说得对吧！这件事就应该按我说的那样去做！如果搞砸了呢？他一样有话说：你看你看，我当初就是怕出这样的乱子，才给了你那些建议，你怎么都不听我的忠告呢？要是你当初好好地按我的意见去做，那结果 100% 不会出错啊……

（2）谁也不得罪的老好人

这排名第二位的不靠谱领导是“谁也不得罪的老好人”型的领导。这类老板工作倒也积极认真，在团队中人缘和口碑也还不错，但有个致命的毛病：在下属的眼里，他们根本没什么用。为什么？因为他们既不敢说硬话，也不敢做硬事，当团队和外部门发生冲突、产生争执，需要协调和谈判时，这类领导能躲多远就躲多远，根本不愿意也不敢帮下属出头，更别提去做那些有可能“得罪”别的部门领导和同事的事情了。因为在这些人的眼里，和所有人维持良好的关系是第一要务，因此得罪人的事他们从来不干。所以在下属的眼里，虽然他们看起来“人畜无害”，但是跟着这样的老板混，心里特憋屈！

（3）神龙见首不见尾的隐形人

名列最不靠谱领导排行榜第三位的叫作“神龙见首不见尾的隐形人”。如果说上一种类型的“不靠谱”老板是有点用力过猛的话，那么这种老板就是肌肉萎缩症的患者了。这类老板通常都是这种模样：成天不是窝在办公室里吹空调，就是奔波于各个会议室窜场子，总之你在团队中是几乎见不到他的。如果你想和他谈谈心、聊聊天，他会怎么办呢？他会马上做出无比繁忙状：“好好好，我知道，最近太忙了，等我开完这个会（等我写完这个邮件、等我打完这个电话）就一定去找你，稍微等等。”他最终真的会找你吗？答案不言而喻。

（4）只会挑刺的批评者

记得我刚做管理者时，让我最“享受”的一个场景是这样的：我带着家人正在海边休假，这时一个下属打来电话，报告说明天大老板要看一个项目进展的报告，部门里的同事瞬间就乱了阵脚，谁也不知道该怎么做，只好打电话向我请示。于是我一边斩钉截铁地给他们做着详细的指示，一边面带微笑地骂道：“你们真不中用！难道我休假了部门就不干活了吗？”这时那些聪明的下属就会这样恭维我：“是是是，老板您批评得真对，哎，咱这个部门缺了您这位大智大勇、高瞻远瞩的好老板，那可是真的不行啊！老板，求您了，赶快回来吧！我们可真是想死您了！”最后我就带着一阵满足的笑，挂了电话。

其实后来我才明白，这些同事并不是不会做那个报告，而是不敢做，也不愿意做。为什么呢？因为害怕挨我骂，因为不想浪费自己的时间。以前所有类似这样的重要事情，都是由我来亲自操盘的，因为我不放心，因为我总是会发现下属们准备的材料里、报告中、汇报时会有错误，或者有不合我意的地方，因此为了保险起见，还是自己动手比较靠谱。

时间一长，所有的同事就都成了摆设，因为无论他们怎样努力，最终我都能发现这样或者那样的问题，然后还要逼着他们按我的意见再重做一次。一来二去，你想，谁还愿意主动做事呢？所以你看，只会挑刺的老板是多么招下属讨厌啊。

2. 靠谱良方

我做过别人的下属，所以有幸见识过各种类型的领导；我也当过别人的上级，因此听到过许多下属在私下里对我的反馈。无论从哪种视角来看，以上四种“不靠谱”的领导者类型，我个人觉得还是相当有代表性的。要想管理好团队，达成良好的业绩，你就必须让下属们对你心服口服，最起码也要让他们在内心觉得你是个靠谱的老板。但如果很不幸，你现在已经或多或少地患上了以上四种“病症”，该怎么办？

治病要对症，要想让自己由“不靠谱”变成“靠谱”，有以下四种针对性的药方。

（1）挑刺者

对这种患者，我给出的药方是：承认自己不是万能的，再去招一些比你厉害而且和你“长相”不一样的下属来。

只会挑刺、只会发现下属的问题，这是一种非常自满且封闭的心态，这种心态会断送掉你学习和成长的机会。能走到管理者的岗位，这本身就说明你有比别人优秀的地方。既然如此，为什么还要处处在下属面前显示你的英明、正确呢？只有那些没有自信的人才会这样做，不是吗？坦然接受自己的不足，尤其要在内心承认：我的下属可能比我厉害。承认下属比自己优秀，这是一件让初阶管理者们很有挫败感的事，但为了自己的职业发展，你必须勇敢地做到这一步！甚至不但要做到，还要再向前一步，比如，招聘一些比你还厉害的下属来为你干活，这才叫本事。

以我为例，那时我还在 Dell 公司，带着一个 30 多人的小团队，汇报给一个管理着中国区业务的领导。没过多久，我的老板要调到新加坡总部担任亚太区的领导，这样一来，中国区领导的位置就空了出来，对我的老板来讲，他当时有两个选择：

第一，把我升上来补他原来的坑。

第二，外招——找一个行业里的能人来做“空降兵”，然后让我汇报给这个新老板。

当时我的老板比较倾向于外招，因为他觉得我在能力、格局、思维方式上还不太出色。但是我的实际表现确实不错，而且好学上进，因此他也不想放弃我，于是就开始两条腿走路：一面去市场上找能人，一面安抚我、鼓励我继续留在团队好好发展。可惜经过几轮面试，最后还是没有找到合适的人选，于是他提出了一个折中的方案：

提拔我顶他的坑，但只是“代理”（acting），也就是既不加薪也不升职，但是要多干活。与此同时，他又从外面招了一个能力很强的人当我的下属，辅助我的工作。这时令我最郁闷的情况发生了：那就是新来的人的工资居然比我高了30%！当我在 HR 系统里看到这个数字时，火气腾地一下就起来了！二话不说，我立刻就拿起手机，给老板打了个电话。

那通电话一共打了将近一个半小时，原本只是想发泄自己的不满，可聊到最后，我慢慢开始明白老板的良苦用心，如果你真的是一个有野心、想要快速提升自己能力的领导者，那么就必须有包容他人的心胸和勇气，招一堆能力、知识和创新精神比自己强的下属，通过管理他们，激励他们，协调他们的工作，最终让他们服服帖帖地追随你，其实这才是提升你的领导力的最好锻炼！中国有句古话叫士为知己者死，说的就是这个道理。如果你给这些人足够的尊重与授权，那么他们的能量和贡献将是无比巨大的。

接受了老板的说服教育之后，我心平气和地和这位下属开始了合作。你还别说，效果确实不错：从能力提升的角度，我在她的身上真的学到了很多自己以前不懂的东西，也开始慢慢地领悟如何去管理一个比自己厉害的下属。除了工作上的收获以外，我还得到了一个更让人兴奋的好处：三个月之后，我的老板通过努力争取到了一笔特殊的预算，将我的工资一下子提升了 35%；半年之后，我也终于得到了正式的升迁！

俗话说得好：在哪里跌倒，就在哪里趴下。在这次“意外”发生 3 年后，尝到甜头的我又自导自演了一出同样的戏码。如果说上一次我还多多少少有点被动和勉强，那这一次我简直就是欢天喜地、敲锣打鼓地进行了。因为业务拓展的原因，我们公司需要上线一个全新的产品，而当时内部人员对这个新型的业务都不太熟，因此需要从外部招聘一批具备不同技能的专家，而这就给了我再次玩这个“涨薪”游戏的机会。

所以你看，承认自己的不足，招一堆比自己还厉害的下属，这绝对是比只会挑刺更加靠谱的一种领导艺术。

（2）老好人

针对“老好人”型领导，我开出的药方是：正确理解职场关系的含义，做个让下属又爱又怕的高效领导。管理团队的最终目的不是搞好职场关系，而是要达成商业目标。因为任何一家企业的核心诉求，都是追逐利益的最大化。并且下属来公司上班的最大动力，是要寻找一个更好的工作平台，让自己赚更多的钱，更快速地发展自己的职业生涯，以及实现个人成就。因此，所谓的职场关系其实很简单：作为一个领导，你能不能给自己的下属创造价值？当自己的下属有困难时，你能不能提供有利的帮助？如果这两个最有意义的问题你都解答不了，那么就算你和下属的关系再融洽，到了关键时刻，他们还是会放弃追随你。

所以，在下属面前，当不当好人其实一点都不重要，关键是要能给下属带来切实的利益和帮助。

（3）隐形人

对于“隐形人”型领导，我的诊断意见是：勇于表现自我，做一个自信、有担当的出头大哥！领导者对于团队的作用，不只是下达命令、指出方向、监督进展、管理 KPI 等这些非常理性的东西，其实领导者还有一个很重要的职能，就是激励团队，鼓舞人心，起到积极向上的榜样作用！因此，你绝不能躲着不见人！还记不记得之前我讲过的那个坚定果敢的潜水艇艇长，试想一下，如果当时他是躲在艇长室通过电话发号施令，全船 50 多人根本看不到他那笃定的眼神、坚毅自信的脸部表情、镇定自若的肢体语言，那么全船当时一定会乱成一锅粥，谁也别想活着躲过头顶军舰的追击。因此你要明白，作为一个领导者，你管理的是一群有血有肉、有感情有思想的高级动物，因此要想让这些人对你言听计从、尊敬佩服，除了科学的方法之外，还一定要有些感性的东西，比如，时不时地和大家吃个饭、聊聊天，经常在团队中走动一下，当下属遇到困难需要帮助时，及时出现在现场，哪怕你什么都不做，但是你出现本身，就是一个强有力的信号，相当于告诉了大家：大伙儿别怕，老板随时和你们在一起，弟兄们，都给我打起精神来，最后的胜利一定是属于我们的！

（4）事后诸葛亮

我觉得这种病非常好治，多犯几次错误，你的病就好了。这类领导最大的一个问题就是害怕犯错。但是不犯错的人这个世界上有吗？有，那就是不做事的人，因为只要你做事，难免会出错。下属如此，领导也一样。因此，不必刻意地在下属面前保持一个永远不犯错的形象，这不可能！在此，我很想跟你分享一个互联网思维里的概念，叫作迭代。什么是迭代呢？其实就是小步快跑，试错，从错误中学习和进步。如果还是不懂，那就拿出你的手机来看看，相信现在每个人的手机上都装了多种 App 应用。这类应用安装之后，你会经常收到它们后台发来的更新通知，刚上市时是 1.0 版本，通过试运行和用户反馈，马上推出 2.0、3.0，逐步改进直到接近完美。

软件和互联网产品如此，领导者也是一样。没有人生来就是终极版的，都是一路在职场摸爬滚打过来的。错误是职场最好的老师，你只有抱着勇敢开放的心态，敢于试错，才能由好的领导者变成高效的领导者，并最终跻身于卓越的领导者行列！

• • •

小结

所谓“不靠谱”的领导者类型一共分四种，他们分别是“只会挑刺的批评者”“神龙见首不见尾的隐形人”“谁也不得罪的老好人”以及“永远正确的事后诸葛亮”。

要想让自己从“不靠谱”变成“靠谱”，请牢记四剂良药：没人能永远一次做对所有的事，因此敢于试错，不怕失败，积极地从错误中学习和总结，最终你会离“靠谱”越来越近的！

第 13 章

下属插科打诨、得过且过，如何激发下属的潜能

面对插科打诨、得过且过的下属，应该如何激发其潜能，让他们对你服服帖帖？要想真正做到这一点，那就必须想清楚以下两个问题：

（1）想做职场好人，就当不成卓越的领导者。

（2）杀伐决断、毁誉参半——这才是高效、有价值的领导者的特质。

1. 第一次当领导

我人生的第二份工作，是在麦当劳当见习生，然后一步步升到管理岗位：从扫厕所、煎汉堡、炸薯条甚至带小朋友跳舞，到餐厅运营管理、员工培训和社区促销，那真是需要十八般武艺样样精通。记得刚开始做管理人员时，我最喜欢的一项工作是“楼面值班经理（Floor Manager）”：每四个小时换一班，当班时你就是“三军总司令”，全餐厅的工作人员都归你调遣，任何突发事件也归你处理。这对于参加工作才一两年，还没有过过官瘾的我来说，绝对称得上是一件非常刺激又有面子的事情。

可好玩归好玩，要想做好这项工作却相当不容易。记得那时餐厅员工多以PART TIME的小时工为主（在读的大学生），他们来麦当劳打工主要是为了赚点零花钱、交朋友、吃免费的洋快餐（20世纪90年代初的麦当劳对于学生来讲，还是奢侈消费，能通过打工吃一顿汉堡薯条，无疑是一件相当令人期待的事情），因此如何在当班时管理好这帮“插科打诨、得过且过”的小猴子，实在是一件颇令人头疼的难事，困难主要体现在：

挑工作：谁都想去站柜台（工作轻松有趣，还能和客人聊天）、打扫员工休息室（可以混时间）；但是没人想去大厅（扫厕所）、盥洗台或厨房（既脏又累，或者很热）。

想多骗点免费汉堡吃：按餐厅的规定，4~6 小时（含 6 小时）只能有一顿免费汉堡吃；6 小时以上才有两顿。可为了控制成本，管理组一般只排 6 小时以下的班——这对于那些刚好上 6 小时班的小伙伴们来讲，绝对是一件令人郁闷的事情。不过这事倒是有解决方法：那就是“值班经理”有权根据实际运营情况延长员工的工作时间，这样一来就可以多吃一顿美味奢侈的洋快餐了。

抗压能力差，离职率高：很多人从小娇生惯养没吃过什么苦；而且大部分人并没有将麦当劳当作今后长远的职业发展平台，因此工作积极性并不高，动不动就迟到早退，稍有不满就辞职，非常不好管。

2. 糖衣炮弹

可就是在这样艰难的环境下，我居然还得到了小伙伴们的“表扬”。有一次在餐厅员工休息室吃饭时，我无意中听到了一段员工的对话——当大家在对餐厅的经理挨个儿评头论足时，有个小伙伴站了起来：“我平时只会在两个人做值班经理时认真干活：一个是 Peter，另一个是李 ××。”“为什么呢？”大伙儿好奇地问道。

“因为李 ×× 非常严厉，每隔 5 分钟就要巡视整个餐厅，搞得你没办法偷懒；而 Peter 当班时我是不好意思偷懒，因为他是一个好老板，对谁都非常好：如果你临时有事要请假或者想延长下班时间多吃一顿免费汉堡或者晚上打烊太热想要点冷饮喝，他一般都会答应，你说对这样的好老板，我怎么好意思在他当班的时候浑水摸鱼呢？”“这样啊，那下回我也要在 Peter 当值班经理的时候上班！”

作为一个初入职场的基层管理者，能得到这帮刁钻古怪的小朋友们如此正面积极的评价，我陶醉了好几天。因为这段特殊的经历，我也头一次对“如何做个好老板”有了切身的理解，那就是：要做一个好人，一个人人都不会说我坏话的人。

于是我开始变得非常在意下属对我的评价。如果哪天我发现自己的某些决定、判断或意见可能令一些员工不开心，那我一定会急得睡不着觉。因此为了做一个“好老板”，我不惜牺牲自己的家庭时间去和员工谈话、互动；为了让每个人都满意，我从不轻易惩罚员工，更别提开除员工——即使是那些屡教不改、成天混日子的人；为了避免负面的评论，我小心翼翼地避免和同事、老板发生冲突，甚至连不同的意见，有时我都不想、不敢也不愿意提出来。

3. 拒做老好人

我像孔雀爱护羽翼一样呵护着自己无比珍视的“口碑”：“Peter 是个好老板，一个非常好的人。”

但是不久之后，因为一个人的出现，我对这种想法产生了怀疑。大概是我 35 岁的时候，因为工作业绩突出，我被公司挑选参加了一个 HR 的项目，叫作“潜在领导者发展计划”，这其中有一个很好玩的游戏，叫作“导师制度”——你可以挑选（或者被指定）一两个公司高层的领导担任你的导师，而选择的标准很简单：在 5 年、10 年之后，你最想让自己成为的那个人。

记得当时我挑选的是亚太区的销售大老板。挑选他的原因其实倒不是因为我想在 5 年或 10 年后成为他，而是因为这家伙让我非常看不懂：这是一个非常有争议的领导。喜欢他的人无不赞赏他有大局观，有担当，做事雷厉风行，同时极富个人魅力；而讨厌他的人却在背后把他骂个半死——“脾气差，冷酷，不懂得体恤下属”。但奇怪的是，他在如此巨大的争议中一路高升，最后做到了 CEO 的直线下属，管理着整个亚太区几十亿美元的生意。

难道我对领导者的定义——要做个好老板，是错误的？还是他掌握着表面不为人所知的秘密？再不然就是他和 CEO 有着不可告人的神秘关系？这一切疑问都让我对他产生了强烈的好奇心。于是当我们的师徒关系一确立，我就立刻找他进行一次非常有趣的沟通，可最终这场对话，却让我开始有了“精分”的症状。

我吞吞吐吐、欲言又止地问他：“老板，你真的不担心别人在背后对你的那些议论吗？就是那些……”

导师：“哦，你是想说那些骂我的评论吗？哈哈哈，那你给我说说，他们私下里都是怎么骂我的呢？”

我无比尴尬地解释：“没那么严重，老板，只是好的坏的评论都有，因此我担心这样会不会影响到你……”

他明知故问：“影响我什么呢？”

我：“比如你在下属和上级中的口碑，你的形象和权威。被下属说你不好总归不好吧？”

导师：“Peter，其实我观察你有一段时间了，你是个非常努力上进的经理人员，但我并没有觉得你是个合格的‘领导者’。因为你总是在刻意讨好别人，幻想着成为受每个人爱戴的上级，因此有时候你其实并不赞同某些人的观点，却不敢讲出来；或者因为害怕会让某些人不开心，而不敢做出得罪人的决定。你为何要做这种出力不讨好的事情呢？

“其实，一个真正高效、正直、受人尊敬、能成大事的领导者，绝对不可能是好好先生，他应该是懂得杀伐决断，是非分明，勇于承担责任，并在必要时敢做强硬决定的人！”

这次谈话虽说已经过去 10 多年了，但当时给我所带来的震撼至今让我记忆犹新。首先，我感到非常沮丧，因为自己遵循了这么多年的“领导力法典”，在这个职场大咖眼里居然是如此不堪！其次，我真的挺不服气的——就你这么个被众人骂成“臭脾气”的人，还教训我这么个“人见人爱，花见花开”的超级好老板，是不是也太把自己当回事了！虽说你的级别比我高，但这也不能代表你就一定比我强！

面上虽然不说，但我在心里是不太认可他的想法的，因此虽然一对一培训始终在按期进行，但效果并不太理想。不过幸好接下来所发生的一系列变故，让我最终彻底地明白：做“好人”和做一个“卓越的领导者”，是无法并存的！

4. 职场好人≠优秀领导

这第一个变故来自队伍内部：一个跟了我很久的一直被我视为心腹的下属突然提出了离职，而理由居然是“跟着你可能不会有大的发展，因为你关心的不是那些对团队最有价值的人和事，而是去‘讨好’每一个人。即使有人做得不好，每天混日子，你也狠不下心来处理他们，结果只能寒了我们这些认真做事、对个人发展有企图心的人。老板啊，我有时候觉得你活得太累了”。

当我还没有从来自“叛徒”的打击中缓过劲来时，更大的打击却接踵而来——我期待了很久的“总监”升职申请被驳回了，而给出的理由居然又是和领导力相关：“Peter 是一个认真负责、工作积极的管理者，过往几年的 KPI 表现有目共睹。但是他最大的问题在于领导力薄弱：不敢坚持自己的观点，在充满冲突和暗藏风险的环境下，缺乏做艰难决定的意识、勇气和能力。如果 Peter 不能在未来的发展中解决好这个问题，那他将无法承担一个‘卓越的领导者’的责任和挑战。”

所以做好人和当卓越的领导，是不能画等号的。当然，也不是不当好人，就能成为卓越的老板。杀伐决断，毁誉参半——这才是高效、有价值的领导者应该具备的行为。

“做一个‘好人’难道错了吗？我想让团队里的每个人都满意难道不对吗？我‘关心’下属，‘体恤’员工难道不应该吗？保持‘良好’的口碑难道是多此一举吗？”我曾这样满怀委屈地向导师诉苦。

导师告诉我，我的这些想法的初衷都是好的，但问题是我太贪心了。随后导师建议我从以下三个考虑如何成为高效、有价值的领导者：

（1）Do thing right 还是 Do right thing（把事情做对还是做对的事情）？

（2）监督下属做好自己，还是激励他们超越自我？

（3）做一个让所有人满意的人，还是做一个对集体有价值的人？

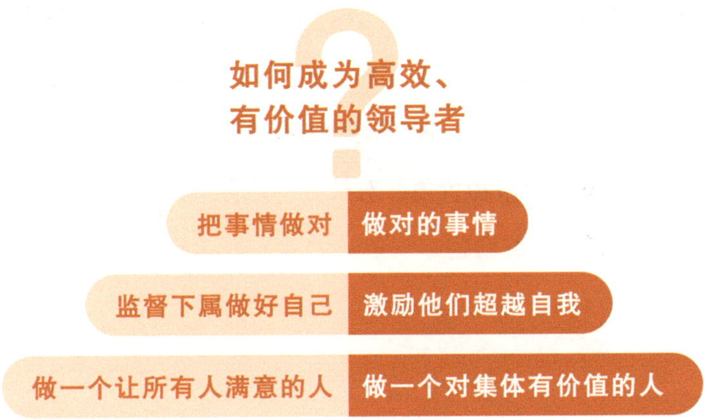

“好人卡”其实是一种最廉价的赠予，而你却把它视若珍宝。让所有人都满意，到最后往往伤害的是那些对团队和你本人最有价值的人。我不是在鼓励你做“坏人”，但在职场或者人生之路上，你真正应该关心的是你的“自我评判”而非别人的嘴巴：只要你有笃定的价值观（正直、守信），清晰的自我认知和独立的思考，以及坚韧不拔的毅力，那就不要去顾及所谓“别人眼里的你”——因为无论你怎样行事，作为一个领导者，最终都会收获“毁誉参半”。

知道什么是“对”的事情，并坚持不懈地把它做好；懂得发现下属的潜能，并支持和激励他们突破常规、超越自我——这才是一个卓越的领导者真正应该关心的问题！没有原则地讨好每个人，其实是一个既不可能完成，也毫无意义的无聊举动。“尊重”和“喜欢”有时候是两个完全不同的概念，当我们选择一家公司、组织和老板时，“喜欢”并不是唯一的标准，是否有发展、能不能学到有价值的东西、有没有回报（钱、个人的市场价值、对社会的贡献），这些才是职场人首先应该考虑的问题。

小结

第一，想做职场好人，就当不成卓越的领导者。请别再怀揣那种天真而没有意义的想法了，领导者首先需要懂得给团队和下属创造价值，而不是去博得下属廉价的好人卡。

第二，杀伐决断，毁誉参半——这才是高效、有价值的领导者的特质。做团队的指南针，告诉大伙儿什么是“对的事”，而且懂得用“胡萝卜加大棒”的激励手段，带领大家达成目标！

第 14 章

初级管理者失去民心的三种常犯错误

上一章谈到做老好人与做卓越的领导者之间的辩证关系，其实除了不要做老好人之外，在管理下属时，还有三种领导形式也要警惕，否则你一定会陷入上司忙得团团转，而下属却闲得难受的结局。这三种领导形式对应的三种领导就是：

（1）工蜂型主管；

（2）老妈子型主管；

（3）冷淡型主管。

1. 工蜂型主管

蜜蜂和人类一样，也是群居而生的。在蜜蜂的组织中有一类非常有趣，它们的名字叫“工蜂”，这是一群最勤劳的家伙，每天都在忙忙碌碌中度过，可以说，它们每天除了吃饭睡觉就是干活，不辞辛苦，任劳任怨。清理巢房，调制蜜粉，饲喂幼虫，守卫蜂巢，甚至包括产卵。毫不夸张地讲，它们几乎包办了蜜蜂社会中所有的工作，基本上是从一出生就活活干到累死为止。怎么样，听着很伟大吧？

其实在我们供职的公司中，也存在着像工蜂一样的老板，他们事必躬亲，想做团队中最能干、最了解业务的人，期待组织中每个人都能对他无比依赖。一个组织要是摊上这么一个领导，他倒是伟大了，团队中的小伙伴们可就遭了殃了，为什么呢？

我们试想这样一个场景：办公室里，三位同事都在抓耳挠腮、非常痛苦地在干活，看起来似乎遇到麻烦了，但一看到老板立刻如释重负，一个个拿着电话和文件夹冲向老板：“老板你可来了，这个事情我不会做啊！”“领导啊，这个问题太棘手了，我没做过啊！”“经理啊……”老板一边骂他们笨，一边让他们都放下不要做了！还是自己来。于是老板无比繁忙，下属却闲得没事做。

你不得不承认，职场中确实存在着不少这类领导，他们非常善良肯干，恨不得包办团队里所有的事情。而更为可怕的是，他们不觉得这是件错误的事，反而以此为荣——因为他们觉得这样做能够证明团队非常需要他；一个好领导就应该是勤勤恳恳、任劳任怨的老黄牛人设，否则下属们会不服气的！于是他们什么都做，什么都会，以成为组织中各项工作的专家为荣。

这类领导以技术出身的人为多，通常都是从基层通过踏踏实实的苦干升上来的，因此总觉得不干活的领导就不是好领导，所以升任后还是保持着任劳任怨的工作作风。可是他忘记了，现在自己的位置和责任已经发生了改变：已经不是只要自己的工作干好就能成功的个体了，现在手握一个团队，一群下属正眼巴巴地看着你给他们指引方向，调动资源，分配任务，解决问题，奖优罚懒，好让整个组织能在公司中胜出，这样每个人才能从中获利。如果现在还是盯着一个个细节不放，将来就算累死，也不可能让组织在和外部门的竞争中取胜。

那该怎么办？很简单，首先从心理上彻底打消“领导要成为最好的、万能的劳动者”这样一个概念。具体的做法是这样的：

（1）多关注大局，不要把主要的精力放在“做事”，而是放在“做人”上。这里的“做人”是指把对的人放在对的位置，寻找和培养好的员工，给团队制定长期的目标，为同事赋能，解决工作中的问题，等等。用通俗一点的话来说，就是多做点管理层面的事，别老是当埋头苦干的老黄牛。

（2）多动脑子，少秀肌肉。团队管理得好，和领导者是不是“健身达人”没什么直接的关系。这里的“健身达人”，就是指那些只会拼命干活，恨不得自己成为全部门最懂业务、最勤恳、最任劳任怨的人。但是在职场，没人看你勤不勤或者累不累，看的是你做事有没有效能，有没有结果，对一个领导者来说尤其如此！所以对工蜂型老板来讲，最好的改进方法就是再别频繁秀肌肉，学会摇摇扇子、动动脑子、出出主意，可能对团队的贡献更大。

2. 老妈子型主管

说完了“工蜂”，再来说“职场老妈子”。职场中还有一类老板，像极了老妈子：什么事都要管，什么事都要过问，恨不得全天 24 小时跟着你，结果最后自己累得半死，下属们也怨声载道，根本不会进步，为什么呢？因为领导每天像念经一样嗡嗡嗡嗡嗡嗡地烦着你，谁能受得了？

这类老板的症结在于缺乏安全感，或者是控制欲太强：他们总是怕下属犯错误，或者担心下属做不到自己想要的结果，于是事必躬亲，当起了“超人＋唐僧”。

对于有这种症状的老板，我的建议是：学会放手，把决定权下移，靠建立机制而不是人治去管理团队。这怎么理解呢？先说学会放手——请记住，你是领导，不是超人，你也不应该做超人。团队的成功是大家的事，不是你一个人能完成的。

话虽如此，但要想真正认识到而且改掉这个毛病真的不容易。就拿我来说，我也是花了很多年，经历了很多教训才认识到这个问题对我个人以及整个组织的危害。记得我刚当上小主管的时候，最享受的状态就是，我是团队中的 VIP 中的“VIP”：团队中所有重要的事情都要我亲自拍板才能决定；大到组织目标、战略规划，小到办公室桌椅的更换、卫生间卫生纸的选择，我都要一一过问。因此那时候我根本不敢休假，因为一休假同事们就像傻了似的，完全不会做事了！于是天天给我打电话做汇报，搞得我既开心又痛苦：开心的是这说明我很重要；而不开心的是，自己太累了，而且下属好像越来越笨，我的事情也越来越多，工作永远看不到尽头。

这种状况最终被一次升迁的失败打破了：在做了 3 年的小团队 VIP 中 VIP 之后，我终于迎来了一次升迁的机会，为了配合公司整体业务的扩张，我们部门也开始招兵买马扩充规模，这样一来就生出了许多新的管理岗位，当时我还是一个基层的小主管，下面有 20 多条“枪”，再往上就是部门经理级——正巧此时多成立了一个新的部门，需要任命一个新的经理。这简直就是为我量身定制的岗位！就在我满心期待这个机会非我莫属时，消息传来，大老板们最后从外面招聘了一个新人担任这个职位，而我还是原地不动。更可气的还在后头，当我找到大老板哭诉时，他给我的理由居然是：我的现有团队中找不到合适的继任者，因此如果把我升迁调走，组织的业绩会受到影响。

“哎，Peter，都怪你做得太好了！”我至今都忘不了那天送我出门时，那位大老板一边坏笑地看着我，一边说出这句让我百思不得其解的话。可如今十几年过去了，我才真正明白：要想让自己和整个组织快速发展，最好的办法就是：主动授权，让大多数的决定出自你的下属而非你自己，管理团队不要靠一己之力，也就是人治，而要靠建立机制，给下级赋能，让他们最终成长起来，变成比你更优秀的人，这样你才能升到更高的位置。

3. 冷淡型主管

第三种奇怪的老板：冷淡型。什么意思呢？职场中有一类领导，他们的视野都是向上的，每天只对上不对下，看到的都是大老板的事情，关心的都是如何搞定向上的关系，却根本不愿意花时间和团队里的小伙伴们交流。这种人在上级大老板面前热情似火，可对待下属却冷漠无比，十足“冷淡”的状态。时间久了就一定会出现这么一种结局：领导忙着跑大老板的办公室，看着也累得半死，可下面的同事因为得不到及时的指导和沟通，不知道该做什么，也不愿意为这样的领导鞠躬尽瘁，于是成天无所事事。

其实职场中这一类领导还真不少，因为在追求现实效益的职场中，老板的赏识和信任看起来好像比下属的发展更加重要。因此只为上不为下也就成了一些领导的不二选择。这个问题确实不好处理，搞定上级并与之建立信任关系，这是身在职场的每个人都需要解决的问题。但与此同时，你也别忘了，职场关系是多维的。也就是说，你要具备全方位的视角，同时处理好各个维度的关系，比如除了老板，还有下属、平级的同事及外部客户。因为这些关系之间可能还会延伸出更进一步的关系；与此同时，这些关系也可能是动态的，比如，你今天的下属明天可能就成了决定你前途的大老板，你的同事某天可能成了决定你未来业绩的外部大客户。因此，一定要用长远的眼光来看待职场中的各种关系。

要想避免成为这种“冷淡”型老板，其实方法并不复杂，那就是：一视同仁，上下兼顾。前文中我们提到了一个概念——领导者的影响力和权威，是建立在价值而非廉价的关系之上的。如果我们把职场规则想得通透一点，那么就会明白：无论职位有多高，头衔看着有多牛，和老板的关系有多好，其实都不过是个打工的（除了手握股票的创始人）。既然都只是打工的，那么我们要想在企业里生存和发展，最终拼的只能是业绩和数字。因为就算大老板再喜欢你，和你关系再好，但如果你不能给他完成业绩，不能给他创造价值，那么最终他也会受业绩所困而停滞不前！因为他也不过是个高级打工仔而已。那么问题来了：请问你的业绩和数字从何而来呢？答案就是你的下属。所以别一天到晚只盯着上面，多花些精力好好培养团队，没人愿意追随一个不顾自己发展的老板。

小结

如果你不想让自己的团队出现“上司忙得团团转，下属闲得无聊”的情况，那么就绝不能让自己成为以下三种奇怪的老板：

第一，工蜂型主管。别总是把自己想象成最好的、万能的，多关注大局，把主要的精力放在“做对的事情”而不是“把事情做对”上，好好锻炼你的大脑而不是秀肌肉。

第二，老妈子型主管。学会放手，把决定权尽量交给下属们去做，靠建立机制而不是人治去管理团队，这样才能获得一堆比你还优秀的下属的助力，走上更高的岗位。

第三，冷淡型主管。学会一视同仁，上下兼顾。要明白职业发展光有上级的加持是不够的，下属们的业绩和贡献也是不可或缺的！

第 15 章

秒懂客户内心需求，快速建立信任

前面讲述了与老板、同事以及下属建立关系需要了解对方，寻求共同的利益诉求点。那么对待客户又应该如何秒懂客户内心需求，与之快速建立信任呢？以下两点是解决问题的关键：

（1）与客户初次见面时，巧妙运用“六步快速破冰法”；

（2）读懂不同客户的心理诉求，投其所好。

1. 与客户交流之“花式作死”

搞定客户是个需要实战的技术活：破冰的同时，要发现和抓住客户的核心诉求，最后搞定他们。这两个要点我会通过一个故事来进行解读，因为它们是一个问题的两个方面，而且在现实的商业活动中，它们是同时发生的。

记得我初任基层销售人员时，最怕的就是去拜访新客户，因为实在不知道该如何和他们进行一场愉快的初体验：新客户要么不接电话或者避而不见，要么虽然抽空见了你，但在面谈两三分钟后就开始面露不耐烦的表情，然后寻找各种借口把我给打发了，这真的令我倍感挫折和郁闷。

直到我遇见了公司中的头牌销售大哥，他的一番点拨让我对如何与新客户快速破冰有了正确的认识。这是一位每个季度都能拿超额奖金的金牌销售，公司里的每个老板都很喜欢他，都恨不得把他拉入自己的销售团队。因为我的业绩始终不能达标，老板只好把这位大哥从一线抽了出来，让他专门带我两周：“如果你这一期再不能完成销量，那么下个月就不用再来上班了！”老板给我介绍完这位金牌销售后，撂下这句狠话就走了。

当我灰溜溜地跟着这位大哥去了他的办公室后，他用一连串的问题，开始了对我独特的辅导。

问：你明确地知道初次拜访客户的主要目的是什么吗？

答：知道啊，卖东西呗！

问：在见客户之前，你做了哪些细致的准备工作？

答：比如准备产品资料、名片等。

问：在见客户前，你通过别人了解过他的一些情况吗？

答：为什么要做这些无用功呢？简单直接的方式不是更好吗？

问：在初次见到客户时，你跟他说的前三句话是什么？

答：第一，开门见山地自报家门，比如公司名称和我的名字；第二，介绍产品；第三，询问他是否有购买产品的兴趣。

问：那么在与客户面谈的时间里，你觉得应该你说话多好，还是客户说话多好？

答：当然是我说话多好了！因为好容易才抓住他一次，还不得分秒必争啊！

2. 与客户交流的正确姿势

听完我的描述，那位大哥笑得都快岔气了。在连着喝了两杯热茶之后，他才收住了笑声，经过一番教育，我才明白，原来要想进行一场成功的初次客户拜访，以及在拜访中准确地掌握客户的核心需求，以下这些要素就必须要牢牢记住：

一是做好角色定位：让客户成为主角，始终让他当导师和讲演者，而你只做一名学生和听众，千万不要和客户抢话。

二是做足前期的准备：绝不能打无准备之仗！拜访客户其实只是冰山的一角，你需要在水下做大量的基础工作，比如收集有关本公司及业界的知识、本公司及竞争公司的产品知识、有关本次客户的相关信息、本公司的销售方针、相关的知识、丰富的话题、名片、电话号码，等等。

三是设计拜访流程——这就是所谓的“六步快速破冰法”了：

（1）打招呼：在客户未开口之前，以亲切的音调向客户打招呼问候，如：“李总，早上好！”

（2）自我介绍：说清楚公司名称及自己姓名并将名片双手递上，在与客户交换名片后，对客户抽空见自己表达谢意，比如：“这是我的名片，谢谢您能抽出时间让我见到您！”

（3）破冰：用一些有趣的话题、相关联的话题进行开场，拉近彼此之间的距离，缓和客户对陌生人来访的紧张情绪。比如通过侧面的了解，知道这位客户是位足球迷，碰巧现在世界杯激战正酣，那么你可以这样说：“张总，昨晚的球赛您看了吗？英格兰踢得真是太棒了，我知道您也是位足球迷，本次世界杯您看好哪支球队啊？哎呀，这么巧，我也是法国队的死忠粉啊，我看咱们别谈生意了，直接聊足球吧。”

（4）进入主题：首先提出议程；然后解释议程对客户的价值；接着约定时间；最后询问客户是否同意。比如你可以这么做：“魏总，今天我是专门来向您了解你们公司对 ×× 产品的一些需求情况的，通过明确了解你们的计划和需求，我可以为你们提供更精准的服务。我们谈的时间大约只需要五分钟，您看可以吗？”

（5）巧妙运用询问术，引导客户多讲。这里面有几个技巧：

技巧一：学会问漏斗似的问题，即先问大的问题，然后把范围逐步缩小，进行有针对性的深度探寻。记住，要带着目的去问，这可不是瞎聊天，目的是要搞清楚客户内心的真实想法和需求。

比如这时候你可以这么问：“赵经理，您能不能介绍一下贵公司今年总体的商品销售趋势和情况？”“贵公司在哪些方面有重点需求？”“贵公司对 ×× 产品的需求情况，您能介绍一下吗？”

技巧二：综合利用扩大询问法和限定询问法。扩大询问法就是让客户自由发挥，让他多说，从而让我们知道更多关于客户的信息；而限定询问法则是通过我们刻意的引导，让客户始终不远离会谈的主题，限定客户回答问题的方向，最终把他们吸引到我们的“碗”里来。但是在这个环节有一点要千万注意，那就是：绝不能把天儿给聊死了！举个例子，“张总，贵公司的产品需求计划是如何报审的呢？”这就是一个扩大式的询问法。而如果你这么问，那就是典型的限定式询问法：“王经理，像我们提交的这些供货计划，是需要通过您的审批后才能在下面的部门去落实吗？”这两个问法都没问题。那什么叫“自杀式”的问法呢？像这种的：“李经理，所以说你们只会考虑国外的产品，国内的就一定没戏了是吗？”这样的问题最好别问，因为你不能自问自答啊，这是在做对话的终结者。

技巧三：对客户谈到的要点进行总结并确认。会谈时虽然是客户在讲讲讲，但是你的脑子可一刻都不能停！此时你必须根据会谈过程中记下的重点，对客户所谈到的内容进行简单总结，确保清楚、完整，还要和客户进行确认。比如，你可以这么说：“李总，今天我跟你约定的时间已经用完了，很高兴从您这里得到了这么多宝贵的信息，还有您这么有建设性的意见和看法，真的很感谢您！您今天所谈到的内容一是关于……二是关于……三是关于……我的理解和总结对吗？”

（6）离开时，约定下次拜访的内容和时间。在结束初次拜访时，你应该再次确认本次来访的主要目的是否达到，然后向客户叙述下次拜访的目的、约定下次拜访的时间。比如你可以这么讲：“李总，今天很感谢您用这么长的时间给我提供了这么多宝贵的信息，根据您今天所谈到的内容，我会回去好好地做一个供货计划方案，然后再来向您汇报，您看下周二上午您什么时间方便，我将方案带过来让您审阅好吗？周二不行啊，那您看什么时间合适？好，那就周三上午 10 点，多谢啊，再见。”

3. 摸清客户需求

本章的第二个知识点是关于如何读懂不同客户的心理诉求，并投其所好。其实，我们在前文介绍“六步快速破冰法”时，就已经提到了不少窍门，比如通过问漏斗式的问题，运用扩大询问法、限定询问法引导客户说出他们的真实想法，等等。除了这些方法以外，其实还有一些其他的办法也同样很有效果，在此我想再做些补充。

完美的破冰式拜访之后，还需要继续跟进客户，因为订单还没拿到手！那么在第二次拜访中，我们应该注意些什么，才能真正搞懂客户的心理诉求，然后投其所好，给出最适合他们的解决方案，从而最终拿下订单呢？我觉得以下几点是关键：

（1）找准双方的角色定位。这个时候你的角色就从倾听者变成了一名专家型方案的提供者或问题解决者了；与此同时，你的客户也从导师和讲演者变成了一位不断挑刺但最终不断认同的业界权威。因为通过在第一次拜访中你问的那些聪明的问题，你已经对客户的需求、喜好、想法有了初步的了解，而且也已经拿出了提案，那么这个时候你就可以也应该掌握谈话的主动权了。但是要把握好分寸，因为最终的拍板者不是你，而是客户。所以在整个对话中，你仍然要集中精力倾听对方的反馈，不断迎合客户的需求，投其所好，并最终和他达成共识，签下订单。

比如这时候你可以这么开场，来打开客户的话匣子："王经理，上次您谈到在订购 ×× 产品时碰到几个问题，分别是……这次我们根据您所谈到的问题专门做了一套计划和方案，这套计划对贵公司最大的好处是……当然，在这方面您是专家，让我先花 10 分钟时间给您做个汇报，然后请您给我们一些反馈，您看可以吗？"

（2）在对话中学会使用 FFAB 法则，与客户进行顺畅、没有缝隙的沟通，这样才能最终找出令双方都能接受的方案。FFAB 其实就是四个英文单词的缩写：

Feature（F）：产品或解决方法的特点。

Function（F）：产品或者解决方案的功能。

Advantage（A）：这些功能的优点。

Benefits（B）：这些优点给客户带来的好处和利益。

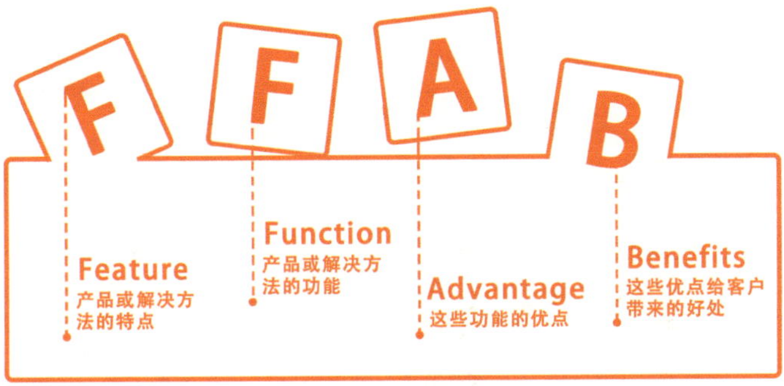

在和客户进行 FFAB 式的对话时，你一定要用客户听得懂的语言去简洁地说明产品的特点及功能，千万不要使用复杂的专业词汇。同时一定要始终围绕着客户的利益来做交流。千万要记住，客户之所以给你时间，耐着性子听你讲话，绝不是因为他对你的产品和服务感兴趣，而是因为你所提供的产品和服务能给他们带来利益，这就跟我之前说的和老板聊天的秘籍是一样的：人们之所以愿意听你讲话，是为了他们自身的利益。

这里有两个小窍门：一个是巧用“加减乘除法”，另一个叫“察言观色法”。先说说什么叫“加减乘除法”：当沟通中客户产生以下这些反馈时，请学会运用不同的招式一一化解：

（1）当客户提出异议时，要运用减法，求同存异；

（2）当在客户面前做总结时，要运用加法，将客户未完全认可的内容附加进去；

（3）当客户杀价时，要运用除法，强调留给客户的产品单位利润。

（4）当营销人员自己做成本分析时，要用乘法，算算给自己留的余地有多大。

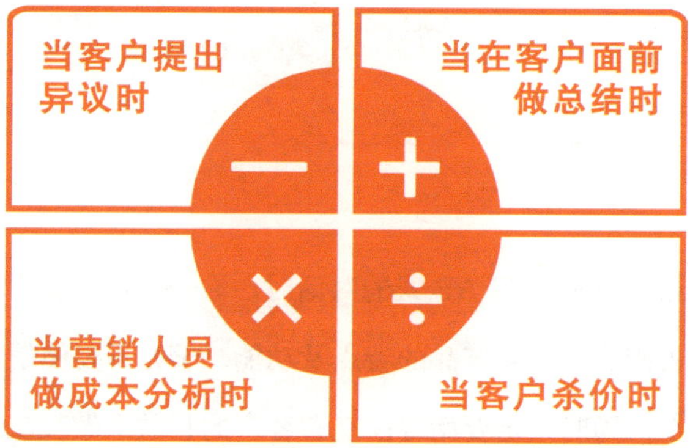

与此同时，你还要留心一些细节，这就是“察言观色法”，比如，观察客户的面部表情：频频点头；定神凝视；不寻常的改变。

客户的肢体语言：探身往前；由封闭式的坐姿转为开放；记笔记；

客户的语气言辞：这个主意不坏，等等。

如果这些话和肢体语言开始频繁地出现，那我就要恭喜你了，因为戏唱到这里，估计拿下眼前的这个客户已经问题不大了！

• • •

小结

作为一名销售人员，如果你想秒懂客户内心需求，与之快速建立信任，那么以下两点就必须牢牢掌握：

第一，与客户初次见面时，学会运用“六步快速破冰法”。记住：在实施六步法之前，还要明白双方的角色定位——让客户多说话，自己多倾听；同时做足准备工作；然后才是从打招呼到自我介绍、破冰、进入主题、问问题，最后进行收尾的整个流程。

第二，读懂不同客户的心理诉求，投其所好。灵活掌握 FFAB 法则，与客户通过无缝的沟通达成共识，最终签下订单。

第 16 章

把潜在客户变成你的忠实客户的两种策略

成功地与新客户建立关系，这其实只是搞定客情关系的基础，接下来还有更重要的工作在等着我们，那就是如何把潜在客户变成你的忠实用户。要想做到这一步，需要做好下面三点：

（1）让客户喜欢听你说；

（2）将你的客户变成用户；

（3）从需求出发，建立良好稳固的信任关系。

1. “读心”有术

我们先来聊聊第一点：怎样才能让客户心甘情愿地听你聊，并最终和你达成共识，做成买卖。我先介绍两种极其有效的销售策略——“推”和“拉”的销售技巧。

所谓的“推”，就是你说他听，以销售人员为主导，用极具技巧的方法说服客户，成功地卖出想卖的东西。

那么什么是“拉”呢？就是以客户为中心，通过一套高超的组合拳，让客户发自内心地觉得，这是他需要的产品，这是能给他创造价值的解决方案，于是痛快地掏钱买单。

举个例子，在一个冬日的午后，太阳公公和风伯伯闲着无聊在斗嘴，两个人都觉得自己最厉害，结果谁也说服不了谁。怎么办？正巧这时候有位农民大爷在河边赶路，于是两个人就打赌：是能让这位老大爷把棉袄在最短的时间内给脱了，那就证明谁更厉害！好，规矩一定好，风伯伯就迫不及待地跳了出来。只见他鼓起腮帮子这一通吹啊，刹那间飞沙走石，冷风刺骨，冻得那位老大爷紧紧拉着棉袄的两个角，死活不松手——因为太冷了。风伯伯一看，怎么不行呢？于是加大了力气继续吹，可没想到的是，你越吹，那位老大爷把自己的棉袄裹得越紧，别说脱了，他恨不得整个人都钻到棉袄里去取暖。最后风伯伯筋疲力尽，只好败下阵来。

然后太阳公公出马了，只见他懒洋洋的挂在天上，啥都没做，就是一个劲地把热腾腾的阳光洒向了大地，不一会儿，那位老大爷就热得满身是汗，于是他就忙不迭地把棉袄给脱下来了。太阳公公赢了，成了全宇宙最厉害的角色。

听完了故事，你应该就能知道什么叫“拉”和“推”了，风伯伯就是用推的手法，而太阳公公却是用拉的手法：推就是为了达到自己的目的，为了满足自己的利益，拼命地把自己的意愿、自己的产品、自己的建议推销给客户，逼迫客户去接受它；而拉则是像太阳公公那样，虽然也有自己的目的，但是不逼迫对方，让对方心甘情愿地那么去做，因为这是对方自己想要的结果。

风伯伯 - 推

我说你听
以销售人员为主导
说服客户相信

↔

拉 - 太阳公公

以客户为中心
让客户心甘情愿地去做

2. 多“拉”少“推”

从心理学的角度来讲，销售就是一场客户和销售人员之间的心理博弈，为了让客户掏钱买你的产品，你必须了解客户的心理。而了解客户心理最好的方法，就是换位思考。换句话说，不要仅仅把自己当作一名销售人员，而更应该把自己当作一名客户。

这个道理并不复杂，可是许多销售人员就是做不到。为什么呢？因为他们不懂与客户聊天的目的和价值是什么。他们总觉得好不容易抓住客户了，就一定要好好地给客户介绍一下自己的公司，完整地描述自己的产品，分享无比有力度的促销活动。于是恨不得每秒钟说 800 个字，不然机会就浪费了。这是一个极其愚蠢的想法，但遗憾的是，我们身边存在着大量这样的人。就像我们常常遇到的电销人员："大哥，我可以占用你 2 分钟时间吗？你不用说话，听我说就好，我们公司是全球最最领先的……生产最厉害的……现在正在推出无比优惠的让利活动……"对方语速越来越快，但你常常是没有听完就挂断电话。

因此，从今往后，在和客户聊天时，请随时提醒自己做到以下几点：

（1）说客户想听的、想说的，而不是你想讲的。没有人会为了你的理由去浪费时间，除非他发现这个东西对他有价值、有好处。

（2）一定要真诚，不要抱着强烈、明显的销售意识去与顾客沟通，不要让客户有被强迫的感觉。

（3）欲速则不达。有时候倾听比倾诉更有效果，让客户做对话的主角，你来负责引导和总结，这样才能让客户感觉这是一场“我们”的对话，而不是你一个人的对话。

3. 忠言也需顺耳

让客户喜欢听你聊天，这只是与客户互动的基础，接下来你还有更重要的工作去做，那就是怎样把客户变成用户，以及如何从需求出发与之建立稳固的信任关系，这两者之间存在着紧密的相关性，所以我把它们放在一起来讲解。

我从传统行业跳到互联网企业之后，领悟到客户与用户是不同的。交易关系中，买卖双方一手交钱，一手交货，钱货两清之后，大伙各回各家，这其中，买方只能称为客户。那么用户呢？交易关系中，购买产品后，买卖双方的关系才刚刚开始，销售人员或者这家公司并不是靠一次买卖来赚钱的，而是靠后续的服务和信任关系来赚钱的，这其中，买方可以被称为用户，只要用户不退出，那么卖方就可以在整个生命周期里，通过不断地给用户提供产品和服务来赚钱。因为用户信任卖方！

举例来说，假设你是个卖厨房用品的销售人员，找到了一个潜在的消费者，正要上门推销你的产品，那么把消费者只当作客户的销售，他会这么做：“你好，我是 ×× 公司的销售人员，现在我们公司正在进行一个无比优惠的活动，只要你买两个 4 人装的大锅再加上一套盘子，就能得到 100 元返利，还能参加抽奖，还可以获得明星签名，还能……”

“对不起，我们家只有两个人，而且房子还没装修好，目前还不需要……”

“哎呀，没关系，你可以先买！再说这个促销百年一遇，最后截止日期就是今天，过了这个村可就再没这个店了！”

“但是你推荐的这个不太适合我们家啊……”

“不要紧！现在不能用不代表以后不能用嘛！或者买下来送给朋友也好啊！我们这个产品是全球领先科技，我们的技术绝对先进，我们……”

“你烦不烦啊？！快走开！”

那如果我们把这位潜在消费者当作用户，又会是怎样的一种场景呢？

“你好，我是 ×× 公司的销售人员，哎呀，您的新家装修得真漂亮！搬进来多久了？”

“刚刚两个星期。你有事？”

“哦，我们公司主要是生产和销售厨房用品的，想看看您的新家是不是有需要。”

“嗯，我好像暂时不需要吧……”

“哦，那没有关系，我只是看到您家刚刚装修，心想或许我能给您些厨房配套设备的建议……”

“这样啊，那你等一下，我碰巧想把家里所有的碗碟全部换掉，你有什么产品啊？”

“哦，是碗碟对吗？我们确实有不少选择，但是不知道哪种对您最合适，不如您告诉我一下家里几口人，有什么喜好，平时的饮食习惯，炒菜多还是炖汤多？……嗯，我知道了，所以跟您确认一下啊：您家的需求是这样的……对吗？我懂了。根据您的需求，我建议您先买这几种产品……”

“嗯，不错。我从一个朋友那里听说有种炖汤的机器叫作 ×××，好像挺不错的，你们有卖吗？”

“您的眼光真不错，我们确实有销售这款产品，但是我刚才并没有向您推荐，因为根据您的需求，这个产品可能目前您并不需要，这个产品最适合婴幼儿使用，所以您目前还用不上。您了解了吗？我可不想让您白花钱，等以后你们有了小宝宝了，可以再联系我购买，不急啊。”

“嗯，你这个小伙子真实诚，好，你推荐的这些我都买了！对了，加个微信啊，万一今后我还想买其他的东西呢？还有啊，我有个朋友刚好要重新装修厨房了，我让他也去找你啊！记得给个优惠价啊！”

4. 信任感 = 忠实度

我前面说过，我曾经在亚马逊公司担任过一个有趣的职位，叫作用户体验官，这份工作让我有机会接触到亚马逊大量的与用户体验相关的思维模式、方法和先进的工具。亚马逊的一些貌似古怪的做法，其实全部都是最有效的，是与用户建立最佳信任关系的好办法，比如：

提醒重复购买的功能：我去年在亚马逊买了一本书，可是看过之后就忘记了，今天上网闲逛，又发现了这本书，以为自己没买过，于是就下了个单，当我在付款时，系统却自动跳出了一个对话框，提醒我道：亲爱的 Peter 哥，这本书你已经于 × 年 × 月 × 日买过了，请问你真的还想再买吗？——真的真的还想买吗？我们可怕你花了冤枉钱。

如何对待用户评论：哪怕是差评，也要原封不动地留在产品页面，不灌水、不删帖、不改排名，就算有人看后因此取消订单，也在所不惜！

公司如此，作为销售人员，我们也应该具有同样的思维模式和行为习惯——永远把花钱买我们产品或者服务的人当作用户，而不是一锤子买卖的客户。永远关注他们的实际需求，通过提供最佳的、能够满足他们需求的解决方案，来为用户创造价值和利益。只有这样做，才能像上一节中的第二个销售人员那样，成为用户心中值得信任的人。

最后，我想分享一下亚马逊的创始人杰夫 · 贝索斯说过的一句话，因为这句话完美地解释了与用户建立信任关系的秘籍："我们从不靠卖东西赚钱，我们靠给用户提供好的和不好的信息，帮助他们做出一个正确的购买决定赚钱。为什么不靠卖东西也能赚钱？因为亚马逊把每个消费者都当成用户，而不是客户，所以不会太在乎眼前的交易能否完成。亚马逊更在意的是，消费者有没有把它当作一个最值得信赖的合作伙伴。如果每一个消费者都能把你当作值得信任的生意伙伴，那么就算眼前的这笔生意没有成功，那又有什么损失呢？相信我，用户稍后一定还会再来找你的，因为他的需求是长期的，因为他相信你不会骗他，所以他会持续不断地找你，而且还会为你的诚信背书，将你推荐给他的朋友、同事、商业伙伴，为你创造更大的、更久的利益。

· · ·

小结

要想把潜在客户变成你的忠实用户，这三个要点就是关键所在：

第一，学会让客户喜欢听你说。记住“推”和“拉”的销售方法的不同，永远站在消费者的角度考虑问题，这样你才有可能成为客户喜欢与之交流的人。

第二，将你的客户变成用户。如果你希望消费者终生都能够成为你的忠实粉丝，那么就千万别把他们当作一次性买卖的客户，多关注用户的利益，而不是自己的眼前好处。

第三，从需求出发，与客户建立良好稳固的信任关系。请记住亚马逊的那些古怪的做法，因为建立长久的信任关系可比现在多卖出几个产品对你自己更有益。

第 17 章

损坏客户关系的三个致命伤，你千万不能犯

上一章将到要想让消费者乖乖地跑到你的“碗”里来，那就必须学会用推拉式的销售技巧让客户喜欢听你聊天，同时要在心里把他们当用户而非客户，始终做到从需求出发，这样才能与他们建立良好稳固的信任关系。但在职场中，还普遍存在着三种极不靠谱的销售行为，毫不夸张地讲，这些行为真的就像是致命伤一样在损害着你和客户之间的关系。到底是哪三种呢？就是“近视眼”“朝天鼻”和“撒谎精”。

那么这三种致命伤的具体表现和危害，还有治疗的方法是什么呢？

首先，我们来做个自纠自查：损害客户关系的三个硬伤，你都犯过吗？

其次，对症下药，在治病的同时，让自己与客户成为朋友。

1. "近视眼"

先说第一种："近视眼"。

这一类销售人员最突出的表现就是目光短浅：有钱赚就上，没钱赚就躲。打一枪换一个地方，骗上一个算一个，能骗多少算多少。这种销售行为，多发生在刚出道的销售人员身上，但是这种销售心理，却广泛存在于各级销售代表的思维方式中。前文中提到的被轰出家门的第一个销售人员，就是因为太短视了，总盯着眼前的订单，恨不得把手直接伸进客户的口袋里去掏钱，根本不顾这个产品是否是客户需要的，是否是对他有价值的，只一味地想要硬塞给人家。其实客户一点都不傻，就算被骗，也就一次，一旦客户发现你根本就不在乎他的利益和需求，你根本就不值得他信任，那么立刻就会用脚投票——把你赶出他的家门。

要想改变这类坏习惯，有以下几种方法：

（1）把主要精力放在建立信任关系，而非打造买卖关系上。客户和用户的最大区别还记得吗？前者关注买卖和交易的完成，而后者关心如何与消费者建立信任，树立自己的良好口碑，从而在用户的整个生命周期都能赚他的钱——因为用户相信你，所以相信你说的话、你给的建议，以及你卖的产品。

（2）得失都是相对的，舍不得孩子套不着狼。作为一个好的销售人员，你必须聪明地理解“得与失”，有时候你越想得到，越起不到好效果。比如那种令客户感到非常不舒服的压迫式推销法，虽然最后你可能真的成功地卖出了产品，却让自己成了客情关系的终结者，其实是非常得不偿失的。

2.“朝天鼻”

损伤客户关系的第二个致命伤叫作“朝天鼻”。什么意思呢？就是这一类人，总仗着自己既有的专业知识或者行业经验，自高自大，根本听不进去客户的意见，老喜欢自以为是地指手画脚，动不动就以专家自居，非常让人讨厌。比如前一段时间，我家要装修房子，就找了位设计师，原本以为这样会省事，可没想到反而更给人添堵，为什么呢？因为这家伙压根就不愿意听客户的意见!

我：李总监，我们家一共三口人，我们觉得这个房子的装修吧……

李：（打断我）嗯，你们的房间格局图我昨天已经看了，这种户型我非常有经验！目前已经装修过一百来家了，我看就走现在最流行的欧美宫廷豪华风吧，到时候给你们设计个法国式的客厅吊顶，意大利式的走廊，英国范儿的卧室。

我：等等，李总监，我们不太喜欢那种调调，希望风格简单一点，能有我们自己的……

李：哦，简单是吧，可以啊，那就走简约日式的，以和式风格打底，再配上榻榻米、草席实木地板……放心吧，我有经验！你们这栋楼的 1002 就是我装修的日系风，没问题！就这么定了。

我：啥叫“日式风格”啊？我说李总监啊，其实我们的意思是风格要简单点，但是有些特殊的功能还是要有的，比如书房、储藏间。

李：你们这种想法是不对的！从专业的角度来讲，龙骨是不能改动的，你们将来是要清包、半包，还是全包啊？垭口要怎么处理？

我最后忍无可忍，大叫：停停停！老板，赶快给我换人！找个长耳朵、能说话的来！

客户之所以找你来，就是看中了你的专业身份，因为你掌握着他们所没有的知识、信息和能力，所以利用你和客户这种不对称的信息去获利，这本身并没有问题。但是你也别忘了，最终掏钱的人是客户，不是你！所以，如果你不能把自己的专长和客户的需求进行有机结合，你是不可能让客户心甘情愿地买单的。

那么正确的做法应该是怎样的呢？首先一定要学会聆听，一定要记住这句话："当你在说话时，你是学不到东西的，因为每个人说出来的都是自己已经知道的东西。只有当你闭上嘴，打开耳朵聆听时，才有可能学到原来不懂的东西。"所以要想真正服务好客户，先要让客户多讲，你多听。

接着要做的是促成共识：你掌握再多的专业知识、再丰富的经验，也必须和客户的需求挂钩，因为客户最终愿意为之买单的，是你给他带来的价值。而这个价值并不是从你的角度来看的，它需要从客户的角度来判断。所以聆听客户的要求之后，你要把它与你的专业知识相融合，然后用客户听得懂的语言，站在客户的立场给出专业化的建议，并最终和客户在解决方案上达成共识。记住，客户没兴趣为你的专业背景付钱——如果你不能为他创造价值的话！

3. “撒谎精”

损伤客情关系的第三种硬伤叫作“撒谎精”：为了证明自己的正确，为了让客户接受自己的产品，有些销售员会在诚信上玩些职场黑科技，比如，合起伙来演戏，骗取客户的信任，从而让客户信以为真，并掏钱买单。这一招在电销公司或者专门处理客户投诉的服务部门经常会见到。比如下面这三个不着调的销售（A、B、C），为了用所谓的“超级优惠价”促使一个客户下单，合起伙来演了一台好戏去骗客户，最后差一点穿帮了。为了增加真实的观影效果，在此我用电影剧本的形式将他们的对话予以呈现。

销售 A：大哥，赶快下单吧！我现在给你的绝对是史上最低价了，这可是我费了老鼻子劲儿才在我们经理那边拿到的，为这我还让经理给臭骂了一顿呢！什么什么，您不信？那您等一下，我现在就去经理的办公室让他给你讲。（把话筒按住交给 B，两个人挤眉弄眼一番做交代状，然后 B 开始说话）

销售 B：张先生您好，嗯，没错，我就是李经理。对，我刚才正在批评这个销售呢，怎么可以违反公司规定给客户这么低的价格呢？如果大伙儿都这么搞，公司其他的销售还怎么开展工作，您说是吗？哎，不过话又说回来，对于像您这么重要的客户做些特殊的优惠我看也并不是不可以，这样吧，看在您是真心想买的份上，我马上让总监出来和您聊聊，看看能不能再给您打个折。您稍等啊……（把话筒按住交给 C，两个人挤眉弄眼一番做交代状，然后 C 开始说话。）

销售 C：张先生您好啊，我是张总监。哎呀，这可真让我为难啊，按说我不应该违反公司的规定为您特殊处理啊，但是……哎，那不然这样吧，看在您是真心想买的份上，我马上让总经理出来和你聊聊，看看能不能再给您打个折，您稍等啊……（把话筒按住交给 B，两个人挤眉弄眼一番做交代状，然后 B 开始说话。）

销售 B：张先生您好啊，我就是王总。嗯，对，刚才那几个人都是我的下属，这些小同志真是胆大包天，居然不经过我的批准就敢给出这么低的价格，等一下我会好好批评他们的！哈哈哈，开玩笑开玩笑啊……什么，您说我和刚才的那个李经理说话声音很像？哦哦，巧合巧合，因为我们是老乡啊，哈哈哈！什么？您觉得我们就是同一个人？怎么可能呢？我们这么有诚信的公司怎么能编谎话骗人呢？！啊，您还是不信啊？那好吧，我马上叫我们的董事长出来和您谈话啊，您稍等啊……（把 C 拉过来挤眉弄眼一番做交代状，然后 C 开始说话。）

销售 C：张先生您好，我是钱董事长……

但是为了圆一个谎言，最后必须再编造更多的谎言去欺骗客户，你说这是何必呢？其实销售是一种长期的心理 PK，需要一种长效的、牢固的关系做支撑，靠一时的忽悠和欺骗确实能拿到眼前的订单，但这种短暂的成功是以牺牲长久的信任为代价的，所以真的得不偿失，我劝你还是不要去冒险尝试了。

4. 对症药方

那这时你可能要问了：其实我也不想搞这些简单粗暴的黑科技，比如撒谎、只关注眼前利益，可是销售指标的压力这么大，该怎么让自己在公司中生存下去呢？其实道理很简单——让客户和你成为朋友，只有这种牢固的关系才是支持你最终达成业绩的根本保证！那怎么才能让客户心甘情愿和自己交朋友呢？以下这些小建议就是不错的方法。

（1）对待客户要坦诚和信任

既然是朋友，那么信任就是基础，而坦诚就是交往的必要因素。如果你对待客户做不到这两点，那么谁都不放心跟你交往、成为你的朋友。所以，不管是跟客户交流还是做生意，都应当坦荡做人，坦陈你的想法，并表达出你对客户的信任，这样才容易俘获客户的心。

（2）寻找与客户相同的兴趣点

如果两人都有共同的兴趣，那么话匣子是很容易打开的。

有的时候，你遇到的客户说不定会跟你一样喜欢打球，喜欢下棋或者喜欢钓鱼，此时，你不妨以这个共同的兴趣作为切入点，打破俩人比较陌生的关系，让彼此尽快熟悉起来，并进一步交往。

（3）关心客户的家庭，表现你注重亲情的一面

一个孝顺的人对家人是很关心的。你在和客户交往的时候，可以多聊一聊对方的家庭，只要不过度涉及个人的隐私，相信客户是愿意和你交流的。如果你还时常问候客户的家人，会让客户觉得你是个人情味很浓的人，从而乐于真心跟你交往。

（4）记住客户的一些喜好或者特殊的日子

在平日跟客户交往的过程中，留意客户的一些喜好，如客户对什么菜式比较喜欢，对什么人比较讨厌，他的生日是哪天，等等。了解到这些信息后你要善加利用，在未来的接触中注意运用这些信息来打动客户，这也是很好用的一个招数。

（5）适当给客户送点小礼物

这不是让你去贿赂客户，而是维系朋友间的正常往来，比如你出差时可以给客户带点出差地的特产；或者在一些特别的日子可以邀请客户到你家做客，把客户当成朋友来对待，客户也会乐于和你交朋友。尤其当你态度很真诚友好时，更容易打动客户。

（6）善于向客户学习

俗话说，三人行必有我师。客户作为某个行业的佼佼者，可以教你的东西有很多，所以在很多时候你要虚心向客户学习，遇到不懂的问题也可以请教他，不要害怕对方会嘲笑你，你可以谦虚地跟对方表示你还是个新手，请其教导你某方面的专业知识等。一般客户不会拒绝的，而且客户也有乐于助人的一面。这样也容易促进你跟客户的关系，使你们尽快成为朋友。

以上这些方法看起来都不高大上，但是朋友之间，有时候就是这些看似平凡的小事，反而会激发出彼此好感和信任，最终让你们从买卖关系的双方变成和谐的朋友。

小结

要想不去损坏客户关系，那么就必须懂得以下两个要点：

第一，绝对避开损害客户关系的三个硬伤："近视眼""朝天鼻""撒谎精"——这都是非常典型的破坏客情关系的利器。千万不要过分关注眼前的小利，而不顾长远的信任关系；也不能过于迷信自己的"专家"身份而忽略倾听客户的需求；此外，必须记住，诚信是与客户交往的基础，千万不能因为撒谎而坏了大事。

第二，通过 6 个小贴士，让自己与客户交上朋友，成为相互信任的合作伙伴。

第 18 章

学会做人，而非做事，跑赢自己的职场马拉松

在职场，除了学会做事，更要学会做人，这样才能跑赢自己的职场马拉松！

我在职场二十多年，学到的、领悟到的职业发展的最大秘密就是学会做人，这比会做事更加重要。因为职场不是百米冲刺，它拼的不是技巧和能力，而是你持久的个人口碑和信用度。

1. 向前辈取经

我有一个相交多年的老哥们儿，他是一家上市公司的老总，事业有成，而且在行业中口碑非常好，会做人——这几乎成了他的个人职业标签。记得有一次，我们一帮人在一起吃饭，席间有个年轻的小朋友突然好奇地问他：“大哥，您知道吗？您在我们这些职场新人的眼里简直就是人生成功的最佳偶像——大学一毕业进入职场，那么快就成了职业经理人中的精英，然后自己出来创业，又把企业做得风生水起，现在还成功上市，您这一路开挂、直达人生成功彼岸到底是靠的什么秘籍啊？要不今天您也给我们这些后辈分享一下吧！”

其实别说这位新人好奇，连我们这些老江湖都对他的成功挺有兴趣，想一探究竟，于是大伙儿都不自觉地静了下来，竖起耳朵认真地看着我的那位朋友。这一下把他搞得挺不好意思的，只见他低头想了一会儿，说了这么一句话：“其实我也真没啥高科技的秘密，如果一定要讲，那么这个可能算是我走到今天最大的领悟吧，那就是要想成功，做人比做事更重要！”

2. 种因得果

听完了这句好像并没有什么用的金句，大伙儿觉得这家伙太虚伪了，于是一通起哄，最后逼得他没办法了，只好给我们讲了他自己创业赚到人生第一桶金的真实故事。他大学毕业之后就进入了职场，从储备干部做起，一路升到上市公司副总的位置，这中间也曾经换了不少公司，做过基层的小土豆，也做过集团高管的不同职位，最后才离开职场自己创业。当他还在职场打拼时，就遇到了一件当时让他颇为头疼，但事后却让他受益无穷的事情，那就是如何处理动态、多维的职场关系。

最初的一次感悟是以教训的形式出现的。在职业生涯早期，他因为个性太强，又不懂得如何与老板和同事相处，他的第一份工作做了不到 6 个月就被老板以“不符合公司要求”为由开除了。也许是那个老板做得太过分，再加上这个哥们儿的个性也很火爆，于是在离职时他和那个私企的老板大吵了一架，双方闹得非常不愉快。不仅如此，为了平息心中的怒火，他还将一些公司的机密，包括老板在平时的销售中用到的一些不太上得了台面的手法，用偷偷摸摸的方式一五一十地透露给了他们的经销商、大客户还有竞争伙伴，这让原公司的不少业务受到了打击，可老板却干着急，不知道是谁做的！他自认为痛痛快快地把前老板给整了一顿，出了自己心中的一口恶气。

可报应很快就来了。

经过一番努力，他好不容易在同行业的一家公司中又找到了一份类似的工作，因为干活积极认真，再加上头脑灵活，他很快就做到了主管的位置，颇得老板的赏识。可惜好景不长，突然，他感到老板对自己的态度和信任都发生了很大的改变。比如老板经常在他在场的情况下，对着众人指桑骂槐地大谈员工要对企业忠诚，不能做出卖公司的小人，做人要讲良心之类的话，这听得他非常尴尬和纳闷。最后由于工作做得实在是郁闷，他没等试用期结束就自己提出了离职。

在离开公司的前夜，他单独请老板喝了顿酒，席间他带着醉意不解地问老板：究竟他做错了什么，让老板对自己的态度发生了180度的转弯？因为人都要走了，再加上酒精上头，老板也就大大方方地告诉了他实情："兄弟啊，要想人不知，除非己莫为。你说你在上一家公司人都要走了，何必还要搞那么多诋毁前老板的无聊事情呢？你以为自己做得很隐蔽，但其实纸是包不住火的，你来我的公司没多久，我就从你的前老板、一些供应商和客户，还有行业里的一些朋友那边了解到你的所作所为，你说像你这样的人我还敢放心大胆地用吗？你都不知道，因为用了你，我现在简直成了大家眼里的冤大头了，人人都笑话我，说我眼光太差，找了个叛徒来，不是大哥不想帮你啊，谁让你这么不会做人啊？谁让你在职场圈把自己的口碑弄这么差呢？你今后就好自为之吧。"

在职场圈要有一个好口碑，会做人，这些关键词就是在那个晚上，第一次出现在我的这位哥们儿的脑海中。残酷的教训让他终于明白：原来在职场，保证一个人能否成功的，不是会不会卖东西，不是会不会做报告，不是考了多少个证，有没有耀眼的学历，而是会不会做人，有没有良好的口碑和职业信用度。

3. “存钱”与“取钱”

经过这次惨痛的教训之后，他换了城市、换了行业，准备重新做人。一切重新来过之后，才慢慢地在另一家公司站稳了脚跟，开始一步步扎扎实实地发展起了自己的职业生涯。用他自己的话来说：一个人要想取得真正的职业成功，最关键的是要懂得以下两个秘密：

（1）打造口碑和信用度，积累你的个人势能。

（2）用动态和长远的眼光看待职场关系。

在职场发展，说到底就是在积累和打造自己的口碑和职业信用度。我们每个人从进入职场的第一天起，就相当于在“职场”这个银行里开了个户，而我们每天所做的每一件事，就是在为自己的“信用度”做着“存钱”和“取钱”的动作。

什么是存钱的动作呢？说到做到，做人有担当，有诚信；具有正确的三观；懂得与他人建立有价值、基于信任的职场关系；绝不以损害组织和老板的利益为前提，让自己胜出；关注长远的目标，不欺骗客户，为客户提供信息帮助他们做出正确的购买决定，等等。

那什么是取钱的动作呢？只关注自己的利益而不惜牺牲合作伙伴的利益；有了成绩就上，捅了娄子就让下属承担责任；说话没诚信，和客户合作只求自己单赢，而不顾对方的利益；

等等。

所谓良好的信用度，就是平时多做存钱的动作，少做取钱的动作，这样你才能在职场中积累起正面良性的口碑，大家才愿意相信你、追随你、帮助你，给你机会和资源，支持你发展。但如果你老是做取钱的动作，那么一旦这张“信用卡”刷爆了，今后就再也没有成功的可能了——因为职场太小了，转来转去到处都是认识的人，你的所作所为是根本瞒不住别人的，尤其在当今这样一个信息互联互通的时代，要想不被职场抛弃，那就必须老老实实地学会做人，懂得经营自己的口碑和信用度。

4. 用长远眼光看职场

“嗯，我懂了！看来如果违反了这些职场规律，那是真的后果很严重啊！”听了这位职场前辈的一串故事，那个问问题的小朋友吓得直伸舌头。可是低头一想，他又觉得挺不过瘾的：因为只是讲了失败的案例，至于他最终是怎么成功的，还是没有提到。于是这个小朋友又不甘心地问道：“大哥，那你经历了这些挫折之后，又是如何一路开挂，直达成功彼岸的呢？”

成功的鸡汤虽然听起来过瘾，但成功背后的失败和教训才是职场最好的老师。接下来发生的事情，就包括他是如何成功地拿到创业之后的第一个大订单的。

他说："这个大订单，来自一个与我关系十分复杂的人，他最早是我的老板，后来成了我的平级，然后两个人相忘于江湖，大概有七八年没有职场上的交集，可最后却变成了我最大的金主，可以说，我和他几乎扮演了所有的职场关系：老板、同事、客户甚至下属。可无论我和他之间的职场角色如何改变，我们两个人之间的那种牢固的信任关系却始终都在。这就是因为我牢牢地记住了年轻时的教训：要用动态和长远的眼光看待职场关系。"

所以无论你现在是在公司组织架构表中的哪个位置，请你相信：这可能并不是你的终极职业岗位。因此在这个岗位上下左右的人，以及你和他们之间的关系，也就不可能是终身不变的。换句话说，你现在的老板，可能明天会变成你的客户；你今天的下属，可能在下一家公司会成为你的老板，或者决定你业绩的大客户。这就是为何千万不要去做那些自掘坟墓的事情，因为山水有相逢，谁都有路走窄了的时候，如果你只看着眼前的关系而不为以后着想，那么你就离失败不远了。当然，如果你能明白这个道理，而且能真正做到，那好处也是非常明显的——比如我这位成功的朋友。

他接着说道："当我刚刚加入那家公司时，他是我的第一任老板，我非常尊重和佩服他，从他的身上也学到了好多东西，大家的合作还是很愉快的。两年之后，因为我的业绩突出，再加上我的年龄和学历都比我的老板有优势，于是公司就把我提拔到了更高的位置，这样一来我就成了前老板的平级同事，甚至在某些跨部门合作的项目上，我还成了他的虚线领导。此时我们之间的相处就显得有些尴尬——因为职场关系的改变。但这一次我已经学聪明了，因为我发自内心地明白：此时我们俩的相互关系在未来的某一天，一定还会发生改变，因此现在我绝不能因为职位的调整而让自己有志得意满之态，应该一如既往地尊重他、支持他，用正确的职场关系处理方法与他进行合作。当然，我并不是说要一味地迎合他、讨好他，而是做到客观公正，继续和他保持一种相互信任的牢固关系。”

“果然，又过了几年，出于个人发展的考量，我离职去了其他城市。在这之后的七八年，我们在职场中就没有任何交集了，但我们之间的联系反而变得更加紧密，平时经常打打电话，只要去对方的城市出差就会相约吃个饭、见见面、聊聊天，逢年过节也都会寄个小礼物问候一下对方的家人。此时我们之间的关系好像有了更高的定义：从职场关系升华到了朋友关系，而且比以前少了几分功利，多了一些真诚，这种感觉真的挺不错。”朋友接着讲他的创业故事，“等到我们的关系再次回归职场，已经是我创业之后了。当时我的公司刚刚起步，面临着巨大的生存压力，如果再不能接到持续性的订单，那么很有可能会倒闭关门。那一段时间我真的是茶饭不思、心力交瘁啊。有一天，碰巧他给我打电话，他当时已经做到我原来那家公司副总的位置了。通话中我低落的情绪可能被他察觉到了，于是他就问我自己创业的情况。这一下让我打开了话匣子，一通地倒苦水。没想到我刚讲完他就埋怨起了我：‘为啥你不早点告诉我呢？其实你们制造的产品我现在的公司就在用啊，而且我在这个行业这么久了，有不少非常铁的朋友同事，其实都可以帮你引荐，赶快让你的销售把资料整理好发给我，我来帮你们牵线搭桥。’”

5. 做人＞做事

事后因为前老板的引荐，其实更关键的是他用自己的个人职场信用度来帮我朋友的公司背书，让我朋友的这家在行业里还没有任何知名度和背景的公司，很快打开了市场，最起码给了他们一个展现自己产品的机会。当然，我那朋友自己也很争气，后来通过一系列的努力在市场上站稳了脚跟，并越做越大，直到成功上市。

“哦，我懂了！看来和别人保持长久、良好的职场关系，真的很重要啊。但是我还有个问题，为什么你的前老板在根本不了解你产品的情况下，就敢为你背书，用他的职场资源为你推销呢？”那个小朋友还是略带疑惑地问道。

“这个简单啊，因为他相信我这个人，他相信我的人品、口碑和职场信用度。因为所有的这一切，都是我俩在过去十几年的交往中被反复证明过的：当我在做他的下属时，我从未做过通过伤害老板和组织的利益，而让自己成功的‘聪明事’。当我成为他的合作伙伴时，我从来都是一碗水端平，在保证大伙儿受益的同时，让自己的组织也能得到好处。当我做他的项目主管时，有了成绩我绝不独占，出了事情也从不推卸责任，做事有始有终有担当。”

正是有了这一次次的经历，他们之间才最终建立起了一种相互信任的关系，在职场中要想依靠关系推动自己的职业生涯发展，那么靠的就是这种360度的、动态的，而且可以跨越时间的考验的牢固关系。

俗话说得好：知易行难。希望你能牢牢地记住我分享的这些思维方式、工具、流程和实用的小贴士，并且在今后的工作中积极认真地去践行它们，这样才能真正处理好职场关系，让自己的职业生涯一路开挂，直达人生的顶峰！